Original English language publication 1995
by New World Library, California, USA

Collection Mutations
dirigée par Michka Seeliger-Chatelain et Tigrane Hadengue

ISBN 978-2-84594-567-8
Mama Éditions, c/o Hachette Livre, 58 rue Jean Bleuzen, 92170 Vanves

VIVRE DE CE QUE L'ON AIME

Manifeste pour une entreprise visionnaire

Du même auteur

Tantra for the West,
A Direct Path to Living the Life of Your Dreams
New World Library, 2015

How to Quiet Your Mind,
Relax and Silence the Voice of Your Mind Today!
Empowerment Nation, 2015

The Magical Path,
Creating the Life of Your Dreams
and a World That Works for All
New World Library, 2012

A Visionary Life,
Conversations on Personal and Planetary Evolution
New World Library, 2011

The Ten Percent Solution,
Simple Steps to Improving Our Lives and Our World
A Two-Second Love Affair (Poetry)
New World Library, 2011

The Greatest Secret of All,
Moving Beyond Abundance to a Life of True Fulfillment
New World Library, 2010

The Millionaire Course,
A Visionary Plan for Creating the Life of Your Dreams
New World Library, 2010

The Type-Z Guide to Success,
A Lazy Person's Manifesto for Wealth and Fulfillment
New World Library, 2010

Marc ALLEN

VIVRE DE CE QUE L'ON AIME

Manifeste pour une entreprise visionnaire

Traduit de l'américain
par Émilie Gourdet

MAMA ÉDITIONS

ÉLOGES DE *VIVRE DE CE QUE L'ON AIME*

« Cet ouvrage capital vous montrera non seulement comment concevoir et créer votre réussite, mais aussi comment monter une entreprise véritablement visionnaire, qui soutient à la fois ses employés, la vie locale et l'environnement. *Vivre de ce que l'on aime* promet d'être un ouvrage de référence en ce XXIe siècle. »

The Real Entrepreneur

« Un condensé d'astuces précieuses à l'usage de tout nouvel entrepreneur [...] Voici, en deux phrases, le message de Marc Allen : premièrement, être visionnaire, c'est voir au-delà du résultat net. Deuxièmement, il est possible de diriger une entreprise prospère sans renoncer à l'accomplissement de ses propres rêves. »

Whole Life Times

« Une mine d'idées et une source d'inspiration pour tous les entrepreneurs, où qu'ils soient dans le monde. Il arrive, de temps à autre, qu'un livre vienne bouleverser votre vision de l'entreprise. C'est le cas de cet ouvrage. »

Working Solo

« L'humour de Marc Allen se conjugue à son expérience professionnelle pour illuminer ce manuel de réussite entrepreneuriale. L'auteur éclaire le chemin de tous ceux et toutes celles qui sont attirés par la joie et les défis de l'indépendance. »

Nancy Anderson,
autrice de *Work with Passion*

« Un livre inspirant sur l'entrepreneuriat, écrit par quelqu'un qui sait vraiment de quoi il parle. »

Carol Orsborn,
autrice de *The Art of Resilience*

« J'ai beaucoup aimé *Vivre de ce que l'on aime* ! Notamment, même si c'est anecdotique, parce qu'il rend accessible à des non-initiés (comme moi) les aspects les plus abrupts de l'entrepreneuriat [...] Ce livre annonce un changement de paradigme pour notre siècle : fini l'individualisme à tous crins – nous sommes tous dans le même bateau. C'est un excellent ouvrage sur l'âme de l'entrepreneuriat. »

Joe Durepos, ex-manager,
Anderson's Bookshops, Chicago

À tous ceux qui osent rêver, et à tous ceux
qui ont assez de savoir, de générosité et de courage
pour aider les autres à réaliser leurs rêves.
Gardez vos distances avec les personnes
qui tentent de rabaisser vos ambitions.
C'est la marque des mesquins. Les êtres vraiment
remarquables, eux, vous font sentir que vous aussi,
vous pouvez devenir un être remarquable.

Mark Twain

INTRODUCTION

Voici le récit romancé d'une histoire vraie. Bernie, prophète central de cette fable de sagesse, a réellement existé, même si, au cours de l'histoire, son personnage s'est étoffé et mêlé à d'autres personnes croisées en chemin. Parmi elles, figure un homme merveilleux du nom de Michael Bliss, un jeune homme de 90 ans quand je l'ai rencontré, qui continuait d'enseigner le piano et le violoncelle et inspirait quiconque venait lui rendre visite dans sa petite maison de Malibu, en Californie.

Je n'ai pas cherché à relater les évènements tels qu'ils se sont vraiment produits, mais plutôt à mettre en lumière les principes et les clés de l'entreprise visionnaire – tels qu'ils m'ont été délivrés, les uns après les autres, au fil des années, par différentes sources.

La première édition de *Vivre de ce que l'on aime* a prouvé sans l'ombre d'un doute que ce texte peut aider de nombreuses personnes non seulement à améliorer le fonctionnement de leur entreprise et leur qualité de vie, mais aussi à rendre ce monde meilleur pour tout un chacun. Car tel est bien le but ultime d'une entreprise visionnaire : transformer le monde en un environnement écologiquement viable où règnent la paix et l'abondance pour tous, en vivant de ce que l'on aime.

CLÉ N°1

Imaginez votre tableau idéal

Il y a bien des années, avec deux amis, j'ai monté ma propre affaire – une maison d'édition. À l'époque, nous étions comme beaucoup de créateurs de petites entreprises : nous avions des rêves plein la tête, mais manquions d'expérience concrète ; nous avions des idées à la pelle, mais pas un sou en poche. Nous étions surchargés de travail et sous-payés. Débordés la plupart du temps et constamment à court de fonds.

Les grands idéaux ne manquaient pas, mais ils restaient vagues : nous n'avions jamais formulé de déclaration de mission. Nous nourrissions de grands espoirs sans avoir rédigé de business plan.

Nous avons ouvert de petits bureaux que nous avons meublés du strict nécessaire. Chacun de nous trois continuait à travailler à côté, à temps partiel, et injectait de l'argent dès que possible dans notre petite maison naissante. Toutes nos économies (autrement dit pas grand-chose) y passaient. Quelques proches et amis nous aidaient en investissant un peu d'argent, d'autres nous en prêtaient. Mais les fonds s'épuisaient très vite, et nous marchions continuellement sur la corde raide.

Pour les personnes qui nous prêtaient de l'argent, nous avions un planning de remboursement bien défini ; nous traitions ces paiements en priorité. Évidemment, cela représentait une pression financière supplémentaire chaque mois.

À nos investisseurs, nous promettions une fraction de la propriété de l'entreprise. Dès que nous parviendrions à nous constituer en société, ils deviendraient actionnaires et détiendraient officiellement une part de quelque chose. Mais les mois passaient, et cet objectif ne cessait d'être repoussé. Le flot incessant de détails quotidiens à régler nous empêchait de prendre le recul nécessaire pour planifier quoi que ce soit à long terme.

L'un de nos premiers employés a démissionné : trop de pression, pas assez de sécurité. Il ne voulait pas avoir à se demander si à la fin du mois son chèque allait lui permettre de régler ses factures. Comment lui en vouloir ? Il n'était pas assez bien rémunéré par rapport au niveau de stress qui régnait dans ces quelques mètres carrés de bureaux. Aucun de nous ne l'était du reste, mais au moins, nous autres patrons détenions quelque chose qui pouvait finir par avoir une certaine valeur, dans un avenir lointain, vaguement fantasmé.

J'exerçais mon autre activité en indépendant ; la flexibilité de ce travail me permettait de l'accomplir depuis la maison d'édition, si bien que j'étais sur place presque tous les jours. Malgré tout, j'avais l'impression de ne jamais avoir assez d'heures à consacrer à ma petite entreprise. Tout était toujours hors délai ; nous dépassions sans cesse les échéances importantes que nous nous fixions pour pouvoir boucler nos projets en temps et en heure.

J'essayais tout de même de m'échapper du bureau deux fois par jour, une dans la matinée et une autre dans l'après-midi, ne serait-ce que pour marcher un peu. En général, je m'arrangeais pour trouver une course à faire ; le reste du temps, je me contentais de faire le tour du pâté de maisons. J'avais besoin de quitter cet espace confiné, encombré, pour pouvoir réfléchir, chasser de mes pensées les innombrables détails qui menaçaient parfois de me submerger.

Un matin, en sortant du bureau, j'ai vu un vieil homme assis sur un banc de l'autre côté de la rue. Il ne bougeait pas, ne regardait rien de précis... Un vieux monsieur, perdu dans ses pensées. C'est son immobilité qui a retenu mon attention. Au retour de ma petite promenade, je l'ai retrouvé exactement dans la même position. Apparemment, il n'avait pas bougé d'un pouce. Il avait les yeux tournés vers nos bureaux, mais son regard semblait porter bien au-delà.

Où avais-je déjà vu cette expression ? On y lisait le calme, la réflexion. Un soupçon de tristesse, aussi, peut-être – à moins que ce soit une projection de ma part. Ainsi qu'une note d'humour, indéniable. Son visage ne m'était pas inconnu, mais impossible de le resituer.

Par la suite, je l'ai revu plusieurs fois, toujours assis dans la même position. Je ne crois pas l'avoir jamais vu bouger. Je me suis demandé ce qu'il pouvait bien attendre sur ce banc – qu'on vienne le chercher ? Godot ? Rien du tout ?

Décidément, il me faisait penser à quelqu'un, mais à qui ? Et soudain, je me suis rappelé où j'avais vu ce regard et cette expression-là : chez maître Yoda – le maître Jedi des films *Star Wars*. Le silence et l'immobilité de ce vieil homme étaient saisissants.

Et puis, un beau jour, il a franchi à pas tranquilles la porte de nos petits locaux. Dans mon souvenir, c'était une belle journée de printemps, même si à ce moment-là la météo était le cadet de mes soucis. J'étais tout entier absorbé par les problèmes du jour. Je ne me souviens même plus de quoi il s'agissait – chaque journée apportait son lot de tracas. Nous ne faisions pour ainsi dire que de la gestion de crise : nous enchaînions les situations critiques.

Il est donc entré, sans en avoir été prié et sans s'être annoncé outre mesure. Il portait un costume marron suranné et des chaussures assorties – très classique. Personne ne connaissait ce vieux monsieur qui promenait autour de lui un regard attentif, les mains dans les poches. Et cependant, il avait presque l'air de s'attendre à ce qu'on vienne l'accueillir, comme s'il avait rendez-vous.

Il avait des traits accusés et ses cheveux blancs ondulés, soigneusement peignés en arrière, étaient maintenus en place par une bonne dose de gel. Son visage paraissait lisse ; il ne devait plus être jeune, mais j'avais du mal à lui donner un âge. J'ai d'abord cru qu'il n'avait pas une ride. Puis il s'est tourné à la lumière, et j'ai aperçu le réseau de fins sillons sur sa peau claire.

Je suis allé vers lui.

« Puis-je vous aider ? ai-je demandé.

— Je ne sais pas », m'a-t-il répondu en souriant.

Il m'a tendu la main.

« Je m'appelle Bernie. »

Je lui ai serré la main ; ses longs doigts fins étaient frais. Il y avait chez cet inconnu quelque chose de chaleureux et d'amical qui m'a tout de suite mis à l'aise.

« Moi, c'est Marc.

— Belle petite maison que vous avez-là.

— Oh ! Ce n'est qu'un début, j'espère.

— Depuis combien de temps avez-vous ouvert vos bureaux ?

— Environ six mois, mais le projet est né il y a plus d'un an – non, attendez, presque deux ans maintenant. »

Je me suis senti rougir, gêné. Où était passé tout ce temps ?

« J'aime bien la façon dont vous avez meublé cet espace. »

Il a prononcé ces mots avec un petit sourire ; j'ignorais s'il se moquait ou non. Le mobilier était un méli-mélo de ce que nous avions pu dénicher de moins cher sur les marchés aux puces et autres vide-greniers, agrémenté de quelques rebuts de nos propres appartements. La réception était une simple planche de contreplaqué, posée sur des tasseaux en guise de pieds.

« C'est du bas de gamme, pourtant, ai-je commenté.

— C'est justement ce qui me plaît, a-t-il répondu. J'ai vu de jeunes start-up passer tout leur budget dans l'équipement. J'ai investi dans une entreprise il y a quelque temps ; eh bien, les deux associés sont allés s'acheter des Mercedes et se sont commandé des bureaux en chêne sur-mesure. Je n'en revenais pas ! Ils avaient même fait faire des *bibliothèques assorties* ! Je leur ai dit que c'était pour leur entreprise, et pas dans le matériel, qu'il fallait qu'ils dépensent leur argent. Ils m'ont assuré que tout irait bien – et ils ont fait faillite avant la fin de la première année. Ils n'avaient pas investi dans l'avenir. »

Il a jeté un coup d'œil circulaire dans la pièce, puis il a repris avec une soudaine véhémence :

« Quand on débute dans les affaires, il faut dépenser avec sagesse. Chaque sou de capital est précieux. Il faut l'utiliser pour des choses qui feront grandir l'entreprise. On n'achète une Mercedes que lorsqu'on en a largement les moyens. »

Son anecdote avait piqué ma curiosité, mais je ne savais pas comment réagir. Un silence a suivi, assez gênant, ai-je trouvé. Il m'observait avec attention, son petit sourire aux lèvres. J'avais l'impression qu'il me jaugeait, sans bien comprendre à quel niveau.

« Est-ce que vous cherchez un investisseur ? »

Il avait posé cette question d'un ton presque distrait, comme s'il m'avait seulement demandé l'heure.

« Euh... C'est sûr qu'un peu d'argent ne serait pas superflu...

— Avez-vous un business plan ?

— Eh bien... non, pas vraiment. Plein d'idées, beaucoup de projets, mais encore rien de rédigé concrètement sur papier. »

Je me suis soudain rendu compte que nous étions restés debout près de l'entrée, un peu mal à l'aise. Du moins en ce qui me concernait. Bernie, lui, les mains toujours dans les poches, paraissait tout à fait dans son élément.

« Puis-je vous offrir un café, ou autre chose ? ai-je proposé. Voulez-vous vous asseoir ?

— Bonne idée. »

J'ai fait faire à Bernie un petit tour du propriétaire – ça n'a pas pris longtemps –, puis nous sommes allés nous installer avec nos cafés dans mon petit bureau du fond. Bernie a pris du lait et beaucoup de sucre. Tandis qu'il remuait le tout, j'ai remarqué ses boutons de manchettes : de grosses pièces d'or d'une once. Son épingle de cravate m'a également attiré l'œil : il s'agissait d'une des plus grosses pépites d'or que j'aie jamais vues.

Il est allé droit au but.

« Quoi qu'il arrive, il vous faut un business plan, a-t-il déclaré. Je vais peut-être investir dans votre entreprise, et peut-être pas. Vous ne me connaissez ni d'Ève ni d'Adam – après tout, je pourrais très bien n'être qu'un sans-abri un peu toqué qui vient se faire offrir une tasse de café », a-t-il ajouté avec son sourire énigmatique.

C'était peut-être le cas – comment savoir ?

« Mais peu importe, au fond. Même si ma petite visite ne sert qu'à vous encourager à définir un projet clair, vous n'aurez pas perdu votre temps. Si vous voulez qu'un investisseur vous prenne au sérieux, vous devez pouvoir présenter un business plan solide et bien rédigé. Toutes les entreprises en ont besoin, qu'elles recherchent ou non des investisseurs. Une entreprise sans business plan, c'est comme un navire qui n'a pas de cap. Elle tourne en rond, sans but, sans jamais arriver nulle part, parce qu'elle n'a pas défini d'itinéraire précis. Elle ne sait même pas où elle va.

Ce plan n'a pas besoin d'être long ou alambiqué ; il n'a pas besoin d'être complexe. Mais il doit être clair, aussi bien pour vous que pour toutes les personnes qu'il est susceptible d'intéresser.

Commencez par un résumé, sur une demi-page. Notez-y ce que fait votre entreprise, la somme dont vous avez besoin, vos prévisions de croissance. Précisez aussi comment vous allez structurer le retour sur investissement : est-ce que cela sera un remboursement avec intérêts, ou une part des fonds propres de l'entreprise avec intéressement sur les bénéfices ?

— Ce peut être l'un ou l'autre, ai-je répondu.

— Très bien. C'est une bonne chose de proposer différentes options. Donc, faites un résumé sur la première page, et, sur la deuxième, rédigez votre déclaration de mission. Soyez idéaliste, voyez les choses en grand. Puis, sur les quelques pages suivantes, décrivez votre entreprise plus en détail : qui vous êtes, ce que vous faites. Présentez les choses le plus simplement possible, de sorte que tout le monde puisse vous comprendre, même quelqu'un qui ne connaît rien à votre secteur. Montrez où vous en êtes à ce jour. Expliquez qui est concerné, comment se déroule votre activité. Dites-nous où vous voulez en être dans un an, deux ans, cinq ans – et détaillez votre itinéraire pour y parvenir.

Faites tout cela de la façon la plus simple – et la plus concise – possible, d'abord avec des mots, puis avec des chiffres. Établissez vos prévisions en matière de flux de trésorerie pour les cinq années à venir. Le montant des capitaux dont vous aurez besoin doit être clairement défini, tout comme ce que vous allez en faire et les résultats que vous en attendez.

— D'accord, ai-je dit en attrapant une feuille de papier. »

Je me suis mis à prendre des notes. J'avais peut-être affaire à un illuminé, mais il donnait d'excellents conseils.

« Cela dit, il y a une tâche que j'aimerais vous suggérer de faire avant même de rédiger votre business plan.

C'est un très bon exercice, qui vous aidera dans votre future rédaction, entre autres choses. Combien de personnes travaillent ici ?

— Cinq en tout. Plus un comptable à temps partiel.

— Combien d'entre vous sont propriétaires de l'entreprise ?

— Les trois qui l'ont créée.

— Les deux autres sont salariés ?

— Exact. Nous, les patrons, ne nous rémunérons pas encore.

— Quel est votre statut ? Société en nom collectif ? »

J'ai marqué un temps d'hésitation.

« Nous sommes plus ou moins associés, oui, de façon tacite. Nous n'avons pas vraiment formalisé l'accord. »

Bernie m'a regardé bizarrement, d'un air froid. Ses yeux étaient d'un gris pâle, presque luminescent.

« Les associés, ça ne marche pas, a-t-il déclaré, catégorique.

— Comment ça ? me suis-je étonné. Il y a plein de gens pour qui ça marche.

— Donnez-moi deux exemples. »

Je me suis mis à rire. Je savais qu'il existait d'innombrables sociétés en nom collectif tout à fait rentables dans le monde. Mais il est vrai qu'aucun nom ne me venait à l'esprit dans l'immédiat. Bernie semblait s'amuser de mon malaise.

« Que faites-vous des cabinets d'avocats ou des cabinets comptables ? lui ai-je opposé. Ils fonctionnent bien sous ce statut, non ?

— Oh ! Il existe de nombreuses entreprises prospères organisées en sociétés en nom collectif, a répondu Bernie, apparemment en totale contradiction avec ce qu'il venait d'affirmer. Mais elles ne fonctionnent pas comme telles. »

Il s'en est tenu là, comme si l'évidence s'imposait. C'était loin d'être le cas.

« Que voulez-vous dire par là ? ai-je demandé.

— En général, il y a au moins deux associés à la tête de ce type de société, n'est-ce pas ? Autrement dit, deux personnes au moins prennent les décisions exécutives. Or, on ne peut pas toujours être d'accord sur tout. À un moment ou à un autre, des désaccords surviennent. Il y a toujours des conflits. Donc, même si l'entreprise est constituée en société en nom collectif, il lui faut un président. Il faut une personne qui prenne les décisions finales. Il faut quelqu'un pour assumer la responsabilité de la réussite ou de l'échec de l'entreprise. »

Je n'étais pas certain d'être d'accord avec ses grandes généralisations.

« En quoi est-ce si important ? ai-je protesté.

— Parce que les sociétés en nom collectif ne marchent pas », a-t-il répété avec un sourire.

Il paraissait sur le point d'éclater de rire. Sa suffisance avait quelque chose d'agaçant. Tout comme sa logique.

« Voyons voir : combien de fois, dans votre maison, l'un des associés a-t-il supposé qu'un des deux autres se chargeait d'une tâche, pour s'apercevoir que cet autre supposait la même chose – et donc, que cette tâche, pourtant importante, n'avait pas été accomplie ? Est-ce déjà arrivé ? »

Il m'a bien fallu reconnaître que c'était déjà arrivé. Plus d'une fois, à vrai dire.

« C'est le problème des sociétés en nom collectif, a-t-il affirmé. Personne n'est responsable du tableau d'ensemble de A à Z. De ce fait, certaines choses sont négligées. On perd la balle, car personne n'est chargé de veiller à ce que cette balle soit portée sur toute la longueur du terrain. Et ce n'est pas le seul écueil. Systématiquement – je dis bien *systématiquement* –, l'un des associés finit par trouver qu'il ou elle investit plus de temps, d'énergie, voire d'argent, que les autres. L'équilibre parfait n'existe pas ; il est impossible à trouver. L'un ou l'autre finit toujours par penser qu'il ou elle porte un plus lourd fardeau que les autres. »

Là encore, j'ai dû admettre que j'avais moi-même eu cette impression, parfois.

« Ce que je vous conseille, c'est de créer une SARL – les démarches sont très simples pour ce type de société – et de placer une personne à sa tête. »

J'ai griffonné « SARL » sur ma feuille ; je ne voulais pas interrompre Bernie, et je voulais encore moins qu'il sache que j'ignorais totalement ce qu'était une SARL. (J'ai découvert plus tard qu'il s'agissait d'une société à responsabilité limitée, bien plus facile à créer qu'une société traditionnelle.)

« Ou alors, si cette étape vous semble prématurée, choisissez au moins une personne pour assurer la présidence. Certains n'aiment pas ce type d'organisation, qu'ils jugent trop hiérarchique, mais mon expérience m'a appris à quel point c'est utile. C'est efficace. Ça marche. Et rien n'oblige à adopter un fonctionnement pyramidal. Le président n'est pas forcé d'agir en chef, de dire à tout le monde ce qu'ils ont à faire. Mais il faut quelqu'un pour porter la vision de la réussite ; il faut un responsable de la concrétisation de cette vision. Les autres patrons peuvent former le conseil de direction ; ils peuvent diriger chacun un service ou une branche qui correspond à leur champ d'expertise. Mais quelqu'un doit assumer la responsabilité de l'ensemble. Si vous tenez à être égalitaire, ou quel que soit le terme que vous préférez, ou bien si vous êtes plusieurs à avoir des personnalités fortes, vous pouvez même envisager une présidence tournante. Ce qui compte, c'est qu'il y ait en permanence un responsable unique.

— Je comprends votre point de vue.

— Tant mieux. Maintenant, voici le petit exercice que je vous conseille de faire avant de rédiger votre business plan - ça vous aidera peut-être, d'ailleurs, à déterminer qui prendra la présidence, si ce n'est pas déjà une évidence. Et, dans tous les cas, ça vous sera utile pour l'étape du business plan.

« Réunissez-vous tous autour d'une table - au moins les trois patrons, si les employés ne se sentent pas à l'aise avec cette idée - et mettez chacun par écrit *où vous voulez en être précisément dans cinq ans*. »

« Partez du principe que votre affaire s'est développée selon vos prévisions. En fait, partez de l'idée que tout s'est passé au mieux et que vous avez pleinement réussi. Puis demandez-vous ce que vous voudriez être en mesure de faire à ce stade. Quel serait votre *tableau idéal* ? Si l'argent n'entrait pas en ligne de compte, si vous pouviez mener exactement la vie dont vous avez toujours rêvé, à quoi ressemblerait-elle ? »

« Mettez chacun tout cela par écrit, et lisez-vous mutuellement. Faites-le avant de rédiger votre business plan. Vous risquez d'avoir quelques surprises. »

Sur ces mots, Bernie a fini son café. Nous avons échangé nos cartes, puis il est reparti du même pas tranquille. Je ne savais toujours pas quoi penser de lui. Pour ce que j'en savais, il pouvait très bien n'être qu'un vieil hurluberlu perdu dans son monde. Tout de même, il avait une carte de visite, sur laquelle on pouvait lire :

(UIC) UNIVERSAL INVESTMENT CORPORATION[1]

Voilà qui paraissait prometteur. La mention était suivie d'une adresse et d'un numéro de téléphone ; la société semblait être domiciliée dans une chambre ou une suite d'hôtel.

Nous nous sommes pliés au petit exercice suggéré par Bernie, que nous avons baptisé « processus du tableau idéal ». Nous nous sommes réunis tous les cinq et avons détaillé par écrit le genre de vie que nous espérions mener dans cinq ans, en imaginant que tout se soit passé au mieux d'ici là.

Bernie avait vu juste : quelques petites surprises nous attendaient. J'étais le seul des trois patrons à me voir encore à la tête de l'entreprise dans cinq ans. Les deux autres envisageaient notre affaire comme un tremplin vers d'autres carrières créatives. Cet exercice nous a aidés à clarifier nos perspectives non seulement pour l'avenir, mais aussi pour le présent. J'ai pris la présidence de l'entreprise et me suis consacré au développement et à l'innovation ; les deux autres sont devenus vice-présidents et ont pris respectivement en charge le marketing et la gestion.

1. Société d'investissement universel.

La responsabilité de rédiger le business plan m'incombait donc, désormais – et je m'y suis attelé, avec l'aide précieuse de mes amis, bien entendu. J'en avais bien besoin, en particulier sur le volet financier.

RÉSUMÉ

- Toute dépense d'une entreprise naissante doit avoir pour but de la faire grandir.
- Toute entreprise a besoin d'un business plan, qu'elle cherche ou non des investisseurs. Une entreprise sans business plan, c'est comme un navire sans cap.
- Votre business plan n'a pas besoin d'être long ni complexe, mais il doit être écrit ; il doit également être clair, aussi bien pour vous-même que pour quiconque sera amené à le lire. Commencez par un résumé d'une page, puis rédigez une déclaration de mission brève, concise. Soyez idéaliste, voyez les choses en grand. Une déclaration de mission aide l'entreprise à rester concentrée sur son objectif ; cette étape peut se révéler cruciale dans le choix de sa trajectoire, voire dans son niveau de réussite.
- Une fois le résumé et la déclaration de mission achevés, décrivez votre entreprise et votre situation actuelle ; puis expliquez où vous voulez en être dans un an, deux ans et cinq ans. Précisez l'itinéraire que vous comptez suivre pour y parvenir. Faites-le dans un premier temps avec des mots simples, puis à l'aide de chiffres. Terminez

par vos prévisions de flux de trésorerie, qui vous permettront de définir le capital à réunir.

- Gardez à l'esprit que les sociétés en nom collectif ne fonctionnent qu'en de rares cas ; la plupart des entreprises qui fonctionnent sur ce principe rencontrent des difficultés. Il faut une personne qui assume la pleine responsabilité de la réussite ou de l'échec de l'entreprise.

- Faites en sorte que les patrons – et, idéalement, les employés aussi – couchent par écrit leur « tableau idéal », puis comparez vos notes : où voulez-vous en être dans cinq ans, en supposant que votre entreprise se soit développée comme prévu ? À quoi voudriez-vous que votre vie ressemble ? Qu'aimeriez-vous faire ? Où aimeriez-vous vivre ? Quelle serait votre journée type ? Cet exercice, pourtant simple, est un outil visionnaire très efficace.

CLÉ N°2

Visualisez votre projet pour rédiger un business plan clair et solide

Rédiger le business plan n'a pas été une mince affaire. Les prévisions financières se sont révélées particulièrement difficiles à formuler ; j'ai dû appeler à l'aide un grand nombre de personnes pour parvenir à un résultat réaliste. Sans compter que j'y ai passé beaucoup plus de temps que prévu.

Bernie m'avait conseillé de faire des prévisions mensuelles pour les deux premières années, puis de passer à des prévisions trimestrielles. Il fallait anticiper les moindres dépenses imaginables, aussi précisément que possible. Les finances n'ont jamais été mon point fort ; autant dire que cette étape n'a pas été une partie de plaisir. J'avais constamment l'impression d'omettre quelque chose d'important, un élément susceptible de tout changer. Je ne cessais de découvrir de nouveaux frais, tous plus exorbitants et écrasants les uns que les autres. Les taxes fédérales, les taxes fixées par l'État, les taxes fixées par le comté ; les taxes sur les ventes ; toutes les charges qui venaient s'ajouter aux paies ; l'assurance, la comptabilité, le conseil juridique... La liste semblait s'étirer à l'infini. Nous avions besoin de nettement plus de fonds que ce dont nous disposions.

Et je ne parle même pas des prévisions de recettes : un véritable casse-tête, également. Qui pouvait prédire ce qu'elles seraient dans cinq ans, ou même dans un an ? Dans six mois ? Je basais mes prévisions sur du vent, tout en redoutant de pécher par optimisme. D'un autre côté, avec des prévisions moins optimistes, je ne voyais pas comment notre maison pourrait devenir rentable. J'en perdais le sommeil.

Il m'a fallu de longs mois pour venir à bout de toutes ces prévisions. Je n'avais plus entendu parler de Bernie. J'ai fini par tenter de le joindre, mais je suis tombé sur un répondeur. J'ai laissé un message. Il m'a rappelé dès le lendemain pour me prier de venir le retrouver à son bureau avec mon business plan. J'ai eu alors le sentiment que ce serait un jour particulier. J'ai même passé un blazer pour l'occasion.

Le « bureau » de Bernie s'est révélé être une suite d'hôtel située en entresol. Devant sa porte, il disposait d'une large galerie qui surplombait le hall de réception. Il m'a confié qu'il préférait avoir son bureau dans un hôtel pour pouvoir bénéficier du room service. Nous nous sommes installés sur la galerie, dans des fauteuils aussi moelleux qu'imposants, et avons observé l'agitation qui régnait en contrebas, les allées et venues, en attendant qu'on nous serve le déjeuner. Bernie avait commandé un sandwich de pain blanc au jambon et un café agrémenté d'une bonne dose de lait et de sucre.

J'étais sur des charbons ardents quand je lui ai remis le business plan. D'après nos prévisions de flux de trésorerie, nous allions avoir besoin – au plus vite – d'une injection substantielle de capitaux si nous voulions atteindre nos objectifs. Ou même, si nous voulions seulement rester dans la course, car nous perdions de l'argent tous les mois. Sans apport extérieur, l'avenir paraissait bien sombre.

Bernie a lu le document en diagonale, passant rapidement sur la plupart des éléments. Il a consacré un peu plus d'attention aux pages financières, qu'il a tout de même semblé largement survoler pour se concentrer sur quelques chiffres choisis. Je m'agitais sur mon siège tandis qu'il lisait en silence.

« C'est un bon début, a-t-il fini par commenter sans lever les yeux. Vous avez bien fait vos devoirs. »

J'ai souri, content de moi.

« Mais je veux que vous le récriviez. »

Au temps pour ma petite fierté.

« Qu'est-ce qui ne va pas ? ai-je demandé.

— Rien de très grave. Mais vous n'y avez pas intégré assez d'aléas. Les choses se passent rarement comme on les imagine. Il y a toujours des imprévus, des évolutions inattendues, des problèmes auxquels on n'avait pas pensé, et qui, bien souvent, entraînent des coûts supplémentaires.

À cet égard, il existe une grande vérité générale : quand on crée une entreprise, tout prend deux fois plus de temps et coûte deux fois plus cher qu'on s'y attendait. Cela peut paraître pessimiste, mais je parle d'expérience. Le seul vrai gros problème quand on monte une nouvelle entreprise, c'est qu'on estime avoir besoin de *tant* d'argent, donc on lève un capital de *tant* ; puis on dépense tout ce capital, avant de se rendre compte que ce n'est pas assez. Or, les investisseurs ont déjà alloué toute la somme qu'ils souhaitaient investir. Et l'entreprise a perdu sa crédibilité en n'atteignant pas les objectifs qu'elle avait annoncés. Combien en ai-je vu s'effondrer alors qu'elles avaient fait 90 % du chemin, qu'elles étaient si près du but, simplement parce qu'elles ne parvenaient pas à réunir les 10 % de capital qui leur manquaient encore ? Le puits s'était tari. Elles avaient perdu la confiance de leurs investisseurs.

Portez un projet réaliste. Ne lésinez pas sur la demande de capitaux ; appelez-en suffisamment pour parer au moindre imprévu. Et tout en bas de votre calcul, ajoutez encore 15 %, disons, pour les aléas supplémentaires - les frais qui vous auraient encore échappé. Compris ?

— Compris. »

La perspective de devoir récrire mon business plan ne m'enchantait guère. D'autant que, si nous suivions les conseils de Bernie, nous allions devoir demander une somme faramineuse ; qui aurait les moyens d'investir autant d'argent dans notre projet ?

Une autre crainte m'est venue, qui m'a valu par la suite de nombreuses nuits sans sommeil : si nous avions déjà besoin de deux fois plus d'argent que prévu, comment allions-nous générer assez de recettes pour pouvoir offrir à nos investisseurs un retour sur investissement raisonnable ? Mais Bernie, qui semblait lire dans mes pensées, ne paraissait pas s'en inquiéter.

« N'ayez pas peur de réclamer ce qui vous apparaît comme une somme astronomique. Et, à ce stade, inutile de vous soucier du retour sur investissement. Laissez cette question à vos investisseurs. Votre tâche, dans l'immédiat, c'est de rédiger un document avec lequel vous puissiez travailler.

Un business plan bien construit est un outil pour lever des fonds, certes, mais il est bien davantage. C'est votre itinéraire, votre visualisation de l'avenir. »

Il a brandi mon dossier en prononçant ces mots, et son bouton de manchette en or a étincelé dans la lumière. Je n'ai pas pu m'empêcher de sourire lorsqu'il a parlé de « visualisation » : c'était tellement inattendu de la part de ce vieux monsieur au costume si classique – même si, je devais bien l'admettre, ses boutons de manchette et son épingle de cravate n'avaient rien de conventionnel.

« Plus cette visualisation sera nette, concrète, plus vous aurez de chances de la matérialiser. Il vous faut un plan qui non seulement tienne la route financièrement, mais qui puisse convaincre, sans le moindre doute, de sa faisabilité. Il faut qu'il soit suffisamment clair et solide pour s'imprimer profondément dans votre subconscient. Alors seulement, l'univers tout entier se mettra en mouvement pour vous apporter les résultats que vous désirez.

Votre plan doit être assez robuste pour vous permettre de franchir tous les écueils : les difficultés extérieures, telles que le manque de capitaux, la concurrence, l'évolution du marché et de l'économie, aussi bien que vos propres obstacles intérieurs, comme la peur, le manque d'assurance ou de confiance en vous, le manque d'expérience ou de connaissances, et ainsi de suite.

Il faut bien retenir une chose : ce sont les obstacles intérieurs qu'il convient de traiter en priorité. Si vous mettez de l'ordre à l'intérieur, l'extérieur se réglera de lui-même. »

Bernie rayonnait, littéralement. Tandis qu'il parlait ainsi, plein de vitalité, il semblait avoir rajeuni de vingt ans.

« Ce plan est puissant ! Parce qu'il est capable de mettre en mouvement votre subconscient, qui est lui-même puissant !

Une fois paré d'un plan clair, plus rien ne peut vous arrêter – si ce n'est vous-même, ou à moins que vous enfreigniez l'une ou l'autre des lois universelles fondamentales, lesquelles sont évidentes pour quiconque est doté d'un minimum de bon sens ou d'éthique.

J'insiste sur un point : résumez votre plan sur une page. C'est bon pour vos investisseurs, et ça l'est encore plus pour vous. Mémorisez cette page. Relisez-la souvent. Quand on écrit les points clés sur une seule page, le subconscient les intègre facilement et peut se mettre au travail.

Donc, une fois paré d'un plan clair, écrit sur une page et gravé dans votre tête, vous transformerez votre désir de réussite en *intention*. Dès lors, 90 % des obstacles – ou de ce que vous considérez comme tels – vont se dissoudre, et vous serez armé pour faire face aux 10 % restants à mesure qu'ils se présenteront. Du reste, lorsqu'on dispose d'un plan clair, les obstacles peuvent même devenir des opportunités : derrière chaque problème, on peut voir une occasion à saisir.

N'oubliez pas : transformez vos désirs en intentions ; considérez les obstacles et les difficultés que vous rencontrerez comme des opportunités et des bienfaits. Vous savez, au-dessus de mon bureau, j'ai accroché une grande affiche qui dit la chose suivante : “Chaque difficulté porte en elle le germe d’un avantage équivalent ou supérieur.” C’est une citation de Napoleon Hill.

Derrière chaque problème, il y a une occasion à saisir. “Chaque épreuve de la vie porte en son sein un grand cadeau.” C’est en substance ce que nous enseigne la Bhagavad Gita, écrite il y a plusieurs siècles. Vous voyez que l’idée n’est pas nouvelle.

Ou encore, comme le dit le proverbe – c’est un cliché, mais l’un des meilleurs, car il dit vrai – : “Quand on veut, on peut.” »

Il m’a adressé le même regard qu’à notre première rencontre, comme s’il m’évaluait.

« À mon avis, vous n’avez guère de souci à vous faire, a-t-il commenté, un peu ambigu. Maintenant, appelons donc le room service pour le dessert. Ou au moins pour un autre café. »

RÉSUMÉ

- Rédigez un business plan clair et concret. Établissez des prévisions mensuelles pour les deux premières années, puis des prévisions trimestrielles pour les années suivantes.
- Tenez compte des imprévus. Efforcez-vous d’anticiper toutes les dépenses possibles et imaginables, puis, à cette somme totale, ajoutez encore 15 % environ pour couvrir les autres frais auxquels vous n’auriez pas encore pensé.

- Gardez en tête cette grande vérité générale : lorsqu'on crée une entreprise, tout est susceptible de prendre deux fois plus de temps et de coûter deux fois plus cher que prévu. Faites en sorte de disposer des ressources nécessaires pour absorber les contretemps et les coûts inattendus.
- Un business plan bien rédigé représente beaucoup plus qu'un simple outil pour lever des fonds : il constitue votre itinéraire, votre visualisation de l'avenir. Résumez votre plan sur une page et relisez-le souvent. Plus votre visualisation sera nette et concrète, plus vous aurez de chances de la matérialiser.
- Votre plan doit être assez solide pour vous permettre de franchir tous les obstacles, aussi bien extérieurs qu'intérieurs. Un business plan est un outil puissant, car il met en mouvement votre subconscient, qui est lui-même puissant.
- Un business plan bien écrit transforme votre désir de réussite en *intention*. Dès lors, 90 % des obstacles, ou de ce que vous percevez comme tels, vont s'évanouir et vous aurez en main les outils nécessaires pour faire face aux 10 % restants, à mesure qu'ils se présenteront.
- Changez vos désirs en intentions ; transformez les obstacles et les difficultés que vous rencontrez en occasions et en bienfaits. « Chaque difficulté porte en elle le germe d'un avantage équivalent ou supérieur. » (Napoleon Hill.) Derrière chaque problème, il y a une occasion à saisir. « Chaque épreuve de la vie porte en son sein un grand cadeau. » (La Bhagavad Gita.) La sagesse popu-

laire exprime cette idée depuis bien longtemps : « Quand on veut, on peut. »

CLÉ N°3

Trouvez votre raison d'être

Le petit discours de Bernie n'a pas manqué de m'étonner. Entendre cet homme âgé – à quel point exactement, je l'ignorais, mais il avait largement passé les soixante-dix ans – parler de visualisation et de subconscient avait décidément de quoi surprendre. Et cependant, comme ses propos m'inspiraient ! En outre, son bureau, installé dans une suite d'hôtel, témoignait d'une certaine réussite. Après notre entrevue, j'ai donc tenu à prendre des notes pour ne pas oublier ses conseils.

Je me suis remis à l'ouvrage et j'ai bataillé, une nouvelle fois, avec mon business plan. Bernie avait au moins raison sur un point : je commençais à voir en quoi ce document représentait notre visualisation d'un avenir potentiel.

Le premier exercice qu'il nous avait suggéré de faire, le « processus du tableau idéal », pouvait paraître un peu fantaisiste. Mais il exigeait, de fait, un effort d'imagination qui nous a forcés à examiner notre projet dans son ensemble, ce qui n'a pas de prix.

Travailler au business plan exigeait l'inverse : il s'agissait de passer de la fantaisie à la réalité. Parvenu au terme de ma révision, j'ai eu l'impression d'avoir nettement progressé vers cet objectif ; j'avais parcouru peut-être la moitié du chemin. J'ai eu le sentiment, également, d'avoir fait le plus dur, ou du moins l'essentiel. Car tout trajet aérien nécessite un plan de vol et une destination.

Je commençais tout juste à reprendre mon business plan quand, au cours d'une conversation, j'ai entendu quelqu'un de mon entourage paraphraser Henry David Thoreau : « Si vous avez bâti des châteaux dans les nuages, votre travail n'a pas été vain, car c'est là qu'ils doivent être. Il ne vous reste qu'à leur construire des fondations. » J'y ai vu un puissant écho à tout ce que m'avait dit Bernie. Le tableau idéal était mon château dans les nuages ; en rédigeant mon business plan, je traçais l'ébauche de ses futures fondations.

À l'origine du succès de toute entreprise, de toute carrière, il y a une vision. Quelqu'un commence par imaginer clairement son développement et sa croissance, bien avant que ceux-ci se matérialisent dans la réalité. Je comprenais mieux à présent ce que Bernie m'avait enseigné : ce qui naît sous la forme d'un rêve, d'un fantasme, d'un « tableau idéal », doit être traduit en un business plan solide, étayé par des chiffres précis. C'est ce qui met en mouvement les forces capables de concrétiser le fantasme dans la réalité.

Je suis retourné voir Bernie quelques semaines plus tard, armé d'un plan considérablement amendé. Je me sentais gêné aux entournures : nous réclamions une somme bien plus importante que précédemment. Cela dit, avec un tel niveau d'investissement, le nouveau plan me paraissait solide. Il prévoyait assez de réserves pour faire face à tous les aléas imaginables. Du moins l'espérais-je. D'un autre côté, j'ai toujours été quelqu'un d'optimiste, même s'il m'arrive de douter sérieusement de moi-même.

Bernie est venu m'accueillir devant la porte de sa suite, toujours vêtu du même vieux costume confortable orné des boutons de manchettes et de l'épingle de cravate en or. Nous avons de nouveau pris place sur la galerie, dans les mêmes fauteuils, après quoi il a commandé un autre sandwich de pain blanc au jambon accompagné d'un café au lait sucré.

Comme la première fois, il a jeté un rapide coup d'œil à mon plan. Il donnait l'impression de savoir exactement ce qu'il cherchait : il a parcouru des yeux l'essentiel des pages, avant de s'arrêter sur quelques informations précises auxquelles il a consacré une attention soutenue.

« Voilà qui est bien mieux. Hum... »

J'étais nerveux, au point d'en avoir presque des suées. S'il décidait d'investir dans notre entreprise, nous aurions enfin assez de fonds pour envisager de nouvelles publications et leur assurer une promotion digne de ce nom. Nous pourrions enfin régler nos dettes et en finir avec les coups de fil anxiogènes à propos des factures impayées. Et nous serions enfin en mesure de nous allouer un salaire régulier, tous les mois. Je pourrais cesser mon autre activité et me consacrer pleinement à la nôtre.

Bernie m'a adressé l'un de ces regards pénétrants dont il avait le secret. Une nouvelle fois, il me jaugeait.

« Quel est votre objectif principal dans tout ça ? m'a-t-il demandé.

— Mon objectif principal ? »

Sa question me déconcertait. Jusque-là, je n'y avais pas beaucoup réfléchi. Pas du tout, même, à vrai dire. Par chance, Bernie m'a un peu aidé :

« En mettant ce plan en œuvre, en levant ces fonds - avec un peu de chance -, vous poursuivez bien un objectif, je présume. Lequel ? Gagner beaucoup d'argent ? Acheter un château pour vos vieux jours ? Dites-moi. Soyez sincère. »

Je n'avais pas le choix : je ne pouvais tout de même pas lui mentir en le regardant droit dans les yeux. Mais, tout de même, il me posait une question bien difficile !

« Si j'essaie de mettre des mots sur ce qui m'anime, ai-je répondu, ça paraît atrocement banal... Mais disons que j'ai envie d'être utile. De faire quelque chose qui compte, qui ait du sens... D'apporter une aide réelle aux autres, peut-être même de contribuer à rendre le monde meilleur... »

Je me suis interrompu, cherchant mes mots. Bernie ne semblait pas pressé. Il y a eu un moment de silence.

« Voilà, en gros... » ai-je conclu maladroitement.

Comme lettre de motivation, on pouvait faire mieux ! Ce que nous avions écrit dans notre déclaration de mission, au tout début de notre business plan, m'était complètement sorti de la tête. Curieusement, toutefois, Bernie ne paraissait pas trop déçu.

« Très bien, a-t-il commenté. Vous êtes sur la bonne voie. Dans les affaires, il ne faut pas se contenter de vouloir gagner de l'argent. Quand on a une véritable raison d'être, on mobilise derrière soi et en soi toutes sortes de forces qui viennent nous aider à atteindre nos objectifs. L'aide afflue de toutes parts - de là où on l'attendait, mais aussi de sources tout à fait imprévisibles. C'est presque mystique – ça l'est même complètement, à mon sens. J'ai pu le vérifier maintes fois. Si votre seul objectif est d'amasser de l'argent, vous vous étiolerez et vous mourrez. Vous atteindrez peut-être un certain degré de réussite, mais vous demeurerez insatisfait ; dès lors, vous vous étiolerez et vous mourrez. Là encore, j'en ai été bien des fois témoin.

L'argent est indispensable dans les affaires, mais il reste secondaire. Il en constitue le nerf essentiel, mais il ne suffit pas : pour survivre et prospérer, une entreprise a besoin d'une raison d'être.

Nombreux sont les entrepreneurs qui croient que cette raison d'être est de les enrichir. Je les plains. Ils ne sont pas au bout de leurs peines. On en voit partout, du petit gars qui ferait n'importe quoi pour gagner le moindre sou aux grands groupes où l'on parle à tout bout de champ de "maximiser les profits des actionnaires". Cette croyance amène à prendre de mauvaises décisions, qui peuvent avoir des conséquences désastreuses à la fois pour l'entreprise et pour l'environnement.

Ce genre de raisonnement relève tout simplement de la bêtise – ou plutôt, de l'*ignorance*, devrais-je dire, car on le trouve chez des individus extrêmement intelligents. Mais ces personnes-là sont ignorantes ; elles ne saisissent pas la portée de leurs actes.

C'est aussi peu fondé que d'imaginer que notre raison d'être ici sur Terre se limiterait à faire en sorte que notre sang continue de circuler dans nos veines. Certes, c'est indispensable à notre survie, mais notre raison d'être dans la vie va bien au-delà. »

Bernie a reporté son attention sur le plan et s'est mis à le parcourir avec nonchalance, choisissant comme au hasard les pages sur lesquelles il s'arrêtait. C'était très éprouvant pour les nerfs. Bien que j'aie conscience de la valeur de ses conseils, j'avais beaucoup de mal à rester concentré.

Il a relevé les yeux vers moi et a repris, en insistant sur chaque mot pour s'assurer qu'il se faisait bien comprendre :

« Nous sommes tous différents. Et chacun de nous a sa propre mission. Chacun de nous s'est vu attribuer des talents et des capacités uniques afin de pouvoir remplir cette mission. Il est des choses que vous pouvez faire, d'autres que je peux faire, et que personne d'autre ne peut faire exactement de la même façon.

Nous possédons tous des dons naturels. Parfois, nous avons du mal à découvrir les nôtres. Parfois, c'est parce qu'ils sont trop évidents : il nous est si facile d'accomplir certaines choses que cela nous semble aller de soi ; nous en oublions de nous valoriser, de reconnaître que c'est un grand don.

Chacun de nous, sans exception, devrait consacrer un peu de temps – autant et chaque fois que c'est nécessaire – à réfléchir à sa raison d'être, à la découvrir. Notre raison d'être implique le service, sous une forme ou une autre, et l'amour, toujours ; c'est une contribution à l'humanité et à la planète.

Encore une précision à propos de cette notion de raison d'être. Voyez les choses ainsi : vous avez une raison d'être première et une raison d'être secondaire. La raison d'être première, c'est tout ce qui concerne votre *être* à chaque moment de la journée. Il n'est pas question ici de faire ou d'avoir, mais bien d'être. Votre raison d'être secondaire peut comprendre le faire et l'avoir : elle concerne votre action dans le monde. Certains parlent de Grand Œuvre, avec des majuscules. Il s'agit du travail que vous êtes né pour accomplir. C'est votre appel, ou, en d'autres termes, votre *vocation*. Votre mission, si vous préférez.

Notre raison d'être est sacrée. Je ne pense pas qu'il faille en faire la promotion. Je ne pense même pas – mais ce n'est que mon opinion, bien sûr – qu'il faille en parler à quiconque, sauf peut-être à notre meilleur ami, notre associé ou notre conjoint ou conjointe. Le mieux est de découvrir par nous-même notre raison d'être, et d'œuvrer à sa réalisation. Alors seulement, nous pouvons estimer avoir vraiment réussi, car alors nous sommes pleinement accomplis dans l'existence. »

Un silence a suivi ses paroles.

« Est-ce que vous voyez de quoi je parle ? »

J'ai acquiescé de la tête, sans rien trouver à répondre. Une fois de plus, il m'a évalué du regard. Puis il a brandi mon business plan devant lui.

« Je vais tenter ma chance avec vous. »

RÉSUMÉ

- Tout business plan bien construit permet d'ancrer le fantasme de votre « tableau idéal » dans la réalité. Votre plan est l'étape la plus essentielle, car il contient en mots votre vision de l'avenir.
- Toute entreprise florissante s'appuie sur une vision. Quelqu'un en a imaginé clairement le développement et la croissance bien avant que ceux-ci se concrétisent dans la réalité physique.

- L'enrichissement ne doit pas être l'objectif ultime d'une entreprise. En visant un objectif supérieur, on mobilise derrière soi et en soi toutes sortes de forces qui nous soutiennent dans l'accomplissement de nos rêves.
- Nous avons tous une mission unique, et nous avons tous reçu des talents et des capacités uniques afin de mener à bien cette mission. Si l'on veut véritablement réussir, il faut réfléchir à cette raison d'être, la découvrir.
- Nous avons une raison d'être première et une raison d'être secondaire. La raison d'être première est tout ce qui concerne notre *être*, à chaque moment de la journée. La raison d'être secondaire peut inclure le faire et l'avoir : il s'agit de notre action dans le monde. Certains parlent de Grand Œuvre. C'est le travail que nous sommes nés pour accomplir – notre appel, autrement dit notre *vocation*. C'est notre mission, si l'on veut.
- Réussir implique toujours l'épanouissement personnel. Or, on ne s'épanouit qu'en vivant et en travaillant en accord avec son objectif dans la vie. Notre raison d'être implique le service sous une forme ou une autre, et l'amour, toujours ; c'est une contribution à l'humanité et à la planète.

CLÉ N°4

Sachez discerner les avantages dans l'adversité, les opportunités dans les écueils, le tout sans perdre de vue votre objectif

Je suis rentré au bureau dans un état d'hébétude mêlé d'euphorie. Bernie m'avait annoncé qu'il allait prendre contact avec son avocat et qu'il nous rappellerait dans quelques jours pour « régler les derniers détails ».

Je m'étais imaginé, allez savoir pourquoi, qu'avant de prendre sa décision il étudierait soigneusement chaque paragraphe du business plan, qu'il nous interrogerait sur la nature de notre activité, sur nos prévisions, sur nos dépenses. J'avais cru qu'il contesterait nos chiffres, qu'il mettrait en question nos besoins supposés en termes de salaires et autres frais – fabrication, promotion, taxes. Il n'en a rien fait. Il a pris sa décision bien plus vite que je ne m'y étais attendu.

Quelques jours plus tard, il m'a téléphoné pour fixer un nouveau rendez-vous.

« Nous reprendrons l'ensemble des termes de notre accord, et, si tout vous convient, je ferai établir le contrat. Vous allez devoir créer une société. Avez-vous un avocat ?

— Pas exactement, non. Mais nous pouvons en trouver un, ai-je proposé.

— Ne vous inquiétez pas pour ça. Mon avocat s'en chargera. Ça ne coûtera pas grand-chose. Ce sont de simples formalités.

— Parfait. »

Je suis parti du principe que le montant des frais de création de la société serait pris sur son investissement - nous n'avions évidemment pas cette somme à notre disposition. Notre compte en banque était vide, comme d'habitude.

« Oh, une dernière chose, a-t-il ajouté, j'ai besoin d'une liste de vos actifs. Vous - les trois patrons - allez devoir les engager en garantie. »

L'honnêteté était de mise.

« Bernie, nous n'avons pas grand-chose.

— L'un de vous est-il propriétaire ?

— Non.

— Peu importe, notez simplement ce que vous possédez. »

Je ne voulais pas qu'il se fasse des idées fausses.

« Vraiment, Bernie, il faut que je vous prévienne : ça ne va pas chercher bien loin.

— Aucune importance. Faites tout de même une liste.

— Entendu... »

Notre rencontre suivante s'est déroulée exactement selon le même rituel. Bernie ne se lassait-il donc jamais des sandwichs de pain blanc au jambon ? Cela dit, cette fois-ci, il n'en a pas mangé grand-chose : à peine la moitié, ai-je remarqué.

« Je suis tombé sur un excellent business plan l'autre jour, a-t-il déclaré avec un geste qui a fait étinceler ses boutons de manchettes. Celui d'une entreprise qui transforme les déchets en énergie. Ils prennent le contenu des poubelles, le font passer par tout un processus, et obtiennent des petites briquettes qui brûlent comme du charbon, mais en plus propre. C'est tout simplement génial ! Vous imaginez ? Ils vous paient pour vous débarrasser de vos déchets ! »

Il jubilait comme un enfant. Ses activités paraissaient lui procurer une joie immense.

« Les patrons de l'entreprise m'ont demandé si je comptais prendre ma retraite, a-t-il ajouté avec un grand sourire. Vous savez ce que je leur ai répondu ? Que c'est une notion qui ne me concerne pas. Pour moi, la retraite, c'est ce qu'on offre aux vieux chevaux de course en les envoyant au pré. Prendre ma retraite, moi ? Jamais. Quand on fait ce qu'on aime, pourquoi s'arrêter ?

J'investis. C'est ce qui me plaît dans la vie. Et ça va peut-être vous surprendre, mais je vais vous dire une chose : les personnes qui n'ont pas réussi malgré l'argent que je leur avais prêté m'apprécient toutes beaucoup. Alors que certaines de celles qui ont réussi grâce à mes investissements ont fini par m'en vouloir. »

Sur le moment, je n'ai pas compris où il voulait en venir. J'ai saisi plus tard.

« Je vous souhaite une belle réussite, a poursuivi Bernie. Et bien sûr, j'espère que vous ne finirez pas par m'en vouloir. Car voici ma proposition : je vais vous prêter l'argent dont vous avez besoin pour les neuf premiers mois. Ensuite, d'après votre business plan, vous aurez sans doute besoin de capitaux supplémentaires. À ce stade, je vous présenterai à mon banquier ; peut-être la banque pourra-t-elle alors prendre le relais. L'objectif est de vous obtenir un crédit auprès d'une banque dès que possible.

Le prêt s'étalera sur sept ans ; la première année, voire les deux premières années si nécessaire, vous ne rembourserez que les intérêts, qui s'élèveront à 3 % du capital. Je me réserve aussi une option dans cet accord : la possibilité d'échanger 25 % du montant total du prêt contre 25 % de parts dans votre maison. Je pourrai exercer ce droit à tout moment au cours des trois prochaines années ; passé ce délai, l'option expirera. Sommes-nous d'accord ? »

Je ne me sentais pas en position de négocier. C'était lui qui avait toutes les cartes en main. Plus tard, je me suis rendu compte qu'avec cette option, il valorisait de fait notre entreprise à hauteur de son prêt – en échange de 25 % des parts. Ce qui constituait, à l'époque, un geste fort généreux : l'équivalent de plusieurs fois le montant brut de nos ventes cette année-là.

« Ah ! Une dernière chose, a dit Bernie comme s'il avait failli oublier. M'avez-vous apporté la liste de vos garanties ? »

À contrecœur, je la lui ai remise.

Un rapide coup d'œil a suffi à lui arracher un grand sourire.

« Vous ne blaguiez pas en affirmant que vous n'avez rien à mettre sur la table », a-t-il commenté en se retenant de rire.

Notre précarité financière avait l'air de l'amuser. Cependant, il a visiblement apprécié que nous soyons restés honnêtes et n'ayons pas cherché à gonfler nos actifs. D'un autre côté, comment gonfler ce qui n'existait pas ?

« Je vais charger mon avocat de créer votre société. Après tout, il faut protéger tous ces actifs. »

Ce devait être son sens de l'humour.

« Il prendra contact avec vous. Ça devrait aller vite. »

Effectivement, j'ai retrouvé Bernie très peu de temps après dans le bureau de son avocat, un homme d'à peu près son âge – quel qu'il puisse être – qui s'est révélé être un conteur de talent. Pendant près d'une heure, lui et Bernie m'ont régalé de nombreuses anecdotes. Ni l'un ni l'autre ne semblait pressé d'en venir au fait.

Ils avaient en réserve des histoires fascinantes – il faut dire qu'à eux deux, ils comptabilisaient de longues années d'expérience. À l'évidence, l'un comme l'autre aimaient ce qu'ils faisaient, et ils prenaient un grand plaisir à divertir un nouveau venu dans le monde des affaires.

L'anecdote la plus mémorable de l'avocat de Bernie concernait un vieux monsieur d'origine indienne qui s'est un jour présenté à son bureau. L'homme était vêtu misérablement, au point qu'on aurait pu le prendre pour l'un des sans-abri qui vivaient dans le quartier. Il venait créer une société. En guise d'avance sur honoraires, il a tendu à l'avocat un chèque de cinq mille dollars tout froissé et taché de graisse. Songeant qu'il avait affaire à un fou perdu dans ses chimères, l'avocat a prié un assistant de vérifier si, à tout hasard, le chèque était provisionné. Le directeur de la banque a confirmé : non seulement le chèque était provisionné, mais son émetteur disposait d'un crédit personnel de *cinquante millions de dollars* au sein de l'établissement. Il s'est avéré que ce monsieur importait en Inde, par conteneurs entiers, d'énormes quantités de nourriture cultivée aux États-Unis. Ce vieux bonhomme vêtu de haillons se trouvait à la tête d'une immense fortune.

Bernie, lui aussi, a raconté une anecdote marquante: « J'avais un hôtel à La Havane dans les années 50. Un matin, en route pour ma journée de travail, j'ai été bloqué par un attroupement au beau milieu de la chaussée. Des policiers encerclaient un jeune homme, un partisan de Castro ; ils étaient en train de l'arrêter. Je me trouvais assez près de ce gosse pour le regarder dans les yeux comme je vous regarde en ce moment. J'y ai lu une détermination, un engagement incroyables. À cet instant, j'ai compris que Castro allait gagner ; face à une opposition aussi farouche, Batista n'avait aucune chance.

J'ai mis mon hôtel en vente. Sur-le-champ. Et j'ai conseillé aux autres propriétaires d'hôtels d'en faire autant. Tous m'ont répondu: "Mais non, Castro ne prendra jamais le pouvoir. Et puis, même dans le cas contraire, il nous a promis de laisser les hôtels tranquilles." Ils pouvaient bien dire ce qu'ils voulaient: j'ai vendu et j'ai quitté la ville. Moins d'un an plus tard, les autres avaient tout perdu. »

Il y avait là une leçon à retenir, me suis-je dit: *Fie-toi à ton intuition.*

Au bout d'un moment, les deux hommes ont mis un terme à leurs récits, et l'avocat de Bernie a posé la main sur une pile de documents officiels.

« Allons, au travail ! » a-t-il décrété.

Il m'a adressé un regard pénétrant, comme si, à l'exemple de Bernie, il prenait ma mesure.

« Bernie nous a été extrêmement précieux au fil des années... »

Je n'étais pas sûr de comprendre ce qu'il voulait dire par là. Cela devait signifier que Bernie travaillait avec un groupe d'investisseurs dont l'avocat faisait partie.

« Il a l'œil pour dénicher les talents », a poursuivi l'homme de loi sans me lâcher du regard.

J'avais l'impression qu'il ne me tenait pas en très haute estime ; je me suis soudain senti trop jeune, inexpérimenté.

Nous avons consacré la demi-heure suivante à passer en revue divers documents – les papiers relatifs au prêt et les articles concernant la création de la société. L'entité nouvellement constituée comptait six actionnaires : les trois investisseurs auxquels nous avions promis une part des fonds propres de l'entreprise, et les trois fondateurs. Bernie avait établi une formule qui, à mes yeux, attribuait un juste volume d'actions à chacun en fonction de sa contribution particulière. À l'époque, le calcul me paraissait équitable – même si je dois admettre que, par la suite, j'ai regretté de ne pas avoir négocié un peu et suggéré une autre répartition des pourcentages. Cependant, sur le moment, j'étais dans une sorte de transe, et je n'avais pas les idées très claires. De plus, Bernie semblait être très à l'aise et sûr de son fait, comme si l'accord était parfaitement équilibré. J'ai donc signé le tout sans me poser de questions. Ceci fait, il s'est laissé aller contre le dossier de son fauteuil, le regard perdu dans le vague, l'air un peu mélancolique.

« N'oubliez jamais : c'est en *vous* que j'investis, a-t-il déclaré. En vous, et non en votre business plan ou votre société. Même avec le meilleur plan du monde, même avec la société la mieux dotée en capitaux, si on n'a pas les bonnes personnes à sa tête, on n'a rien.

C'est dans votre vision, dans votre intégrité, dans votre bon sens que j'investis. Il ne tient qu'à vous de garder au clair la vision de votre entreprise, de sorte que tous vos collaborateurs puissent la percevoir. Et ce doit être une vision de croissance et de réussite. Vous devez être capable d'imaginer, de façon limpide, comment votre entreprise peut devenir rapidement rentable et continuer de croître en augmentant ses bénéfices, tout comme vous l'avez ébauché dans votre business plan.

Gardez toujours en tête le conseil que je vous ai donné – l'un des meilleurs qui m'aient été prodigués : sachez voir l'opportunité qui se cache derrière chaque épreuve. N'oubliez jamais ce qu'a dit Napoleon Hill : "Chaque difficulté porte en elle le germe d'un avantage équivalent ou supérieur." Telle est, résumée en une phrase, la clé d'une entreprise visionnaire. La vie est une succession de difficultés, mais aussi une mine d'opportunités. Apprenez à les déceler – à voir les avantages, les dons – derrière chaque écueil. »

Bernie s'est tu un instant, avant de reprendre :

« J'espère que vous ne m'en voulez pas de vous submerger ainsi de conseils.

— Pas le moins du monde ! » ai-je protesté.

Bien au contraire, je faisais tout mon possible pour n'en pas perdre une miette.

« Dans ce cas, en voici encore un autre : ménagez-vous des moments de solitude, chaque jour si possible. Prenez le temps de passer en revue vos objectifs, de vous remettre en tête vos rêves, et de repérer les opportunités qui, toujours, s'offrent à vous. Restez concentré sur votre plan – à la fois sur vos objectifs à long terme et sur la toute prochaine étape. Allez toujours de l'avant. Chaque petit pas compte ; l'important est d'avancer.

Ne perdez jamais de vue votre réussite à venir. Ne vous attardez pas sur des visions d'échec. Aucune entreprise ne devrait *jamais* faire faillite – la faillite est l'échec de la vision des dirigeants. Si l'échec ou la faillite ne sont même pas envisageables pour vous, alors vous ne pouvez tout simplement pas échouer.

Un bon manager peut reprendre *n'importe quelle* affaire, redresser la situation et la rendre prospère. Un mauvais manager, quant à lui, mènera n'importe quelle affaire à sa ruine. J'en ai été témoin bien des fois. Vous aussi, du reste, si vous prenez le temps d'y réfléchir. »

Il disait vrai, bien sûr.

« Votre réussite prendra sans doute des chemins inattendus. Ce sont des choses qui arrivent très souvent. Tout l'enjeu consiste à établir un plan clair, un itinéraire bien défini vers la réussite, tout en restant assez souple pour modifier en permanence vos projets, à mesure que surviennent les difficultés, les obstacles et les opportunités. Il se peut que, dans cinq ans, votre entreprise ne ressemble pas du tout à ce que vous imaginez aujourd'hui. Ce n'est pas grave. Il faut rester flexible, se tenir prêt à opérer les changements nécessaires à l'accomplissement de vos projets. Nous vivons dans un monde en perpétuelle mutation ; si nous apprenons à nous adapter à ces changements, nous parviendrons toujours à atteindre nos objectifs, d'une façon ou d'une autre. Si, au contraire, nous résistons à ces changements, c'est contre l'univers que nous devrons nous battre. Or, cette bataille-là est impossible à gagner. »

À l'évidence, ce discours plaisait à l'avocat de Bernie. Il souriait et acquiesçait de la tête, l'encourageant silencieusement à poursuivre. On voyait qu'il aimait beaucoup Bernie ; l'affection qu'il lui portait se lisait dans son regard.

« J'adore créer de nouvelles sociétés ! s'est exclamé Bernie. Chaque fois, ça me remplit du même enthousiasme. La société est une formidable invention, quand on y pense. Aussi formidable que les intérêts composés. Une société constitue sa propre entité légale ; c'est un individu, comme vous et moi. Elle grandit, comme vous et moi. Elle passe par les stades de l'enfance, de la jeunesse, de la maturité. Elle acquiert sa propre personnalité ; elle reflète, d'une façon quasi mystique, celle de ses dirigeants, mais elle a une vie propre, distincte de celle de ses patrons, de ses employés ou de toute autre entité.

Comme tout individu, chaque société a une capacité illimitée de créativité. Comme à n'importe quel individu, une infinité de possibilités s'offrent à elle. »

Il s'est penché en avant sur son siège et, une fois de plus, a plongé son regard dans le mien. J'avais l'impression d'être un étudiant emprunté en présence d'un maître.

« Pour que l'entreprise reste saine, pour qu'elle croisse, vous ne devez jamais oublier ceci : *La société est prioritaire*. Faites passer les intérêts de votre entreprise avant les vôtres, avant ceux des actionnaires, avant ceux des employés.

Il ne faut jamais, jamais oublier ce principe. Prenez soin de votre société, d'abord et avant tout. À cette condition-là, elle prendra soin de vous, de tous ses actionnaires et employés, et de bien d'autres personnes encore. En revanche, si vous vous placez – vous-même ou quelqu'un d'autre, ou bien les intérêts d'un groupe, quel qu'il soit – au-dessus de votre société, les affaires en pâtiront. Puis tout le monde en souffrira. *Tout le monde.* »

Il s'est renfoncé dans son siège, sans que son discours perde en intensité.

« Je pense à une histoire qui s'est passée il y a quelque temps, et qui peut nous servir de leçon à tous. Des gens que je connaissais bien possédaient une affaire familiale, très prospère depuis longtemps. Quatre personnes la dirigeaient : les quatre enfants du fondateur originel, lequel était décédé. Ils ont tiré de grands profits de cette entreprise ; une vraie poule aux œufs d'or, pendant de nombreuses années. Et puis, un jour, ils ont rencontré des difficultés. Elles venaient, bien entendu, d'un manque de vision des patrons, qui se sont laissé accaparer par les problèmes et ont perdu de vue les opportunités qui se cachaient derrière.

Ils sont entrés en récession. Certains de leurs produits étaient devenus obsolètes, leurs procédures n'avaient pas changé depuis des années, et d'autres soucis encore les accablaient. Encore une fois, ce type de situation recèle des opportunités ; même les récessions, même les évolutions sociétales sources d'obsolescence. Mais eux étaient incapables de les voir. Ils s'étaient trop reposés sur leurs lauriers ; ils avaient cessé d'évoluer avec leur temps. De plus, ils croulaient sous les frais généraux. Leurs voitures de fonction et leurs bureaux luxueux leur coûtaient une fortune. Ils payaient généreusement de nombreux employés qui, bien installés dans leur confort depuis des années, avaient perdu l'habitude de se dépasser dans leur travail. L'entreprise restait rentable, mais les affaires marchaient nettement moins bien que par le passé. Il aurait donc fallu que ses patrons réduisent leurs profits.

Deux d'entre eux étaient prêts à le faire, mais les deux autres, ayant mal géré leurs finances, se trouvaient dans une situation délicate : ils avaient de gros emprunts immobiliers à rembourser, des frais familiaux très lourds, toutes sortes de dépenses quotidiennes. Habitués à un train de vie élevé, ils ne pouvaient se résoudre à y renoncer – malgré les avertissements de leur expert-comptable, qui leur avait clairement exposé les risques encourus par l'entreprise s'ils ne revoyaient pas leurs exigences à la baisse ! Par voie de vote, ils ont préféré continuer à tirer de l'entreprise tout ce qu'ils pouvaient.

Vous saisissez le problème ? Ils faisaient passer leurs propres intérêts avant ceux de leur société. Résultat : ils ont fini par tuer la poule qui, année après année, leur avait pondu des œufs d'or. Tout a volé en éclats dans une violente dispute familiale. Triste spectacle. Cela faisait peine à voir. Les seuls gagnants, dans cette affaire, ont été les avocats. Ils ont fini par liquider la société et vendre leurs actifs pour une bouchée de pain. Les quatre propriétaires ont perdu à la fois leur entreprise et l'afflux de capitaux qu'elle leur procurait, pour la seule et unique raison que deux d'entre eux n'avaient pas su faire passer la santé de leur société avant leurs propres intérêts.

Cette histoire est riche d'enseignements. En voici un d'importance : évitez de vous mettre dans une situation financière délicate. Les bonnes années – et j'espère que vous en connaîtrez beaucoup –, employez vos bénéfices à vous constituer une solide trésorerie, aussi bien pour vous-même que pour votre entreprise, afin de pouvoir y puiser pendant les années de vaches maigres. Mais, plus important encore : *l'entreprise doit passer avant tout.* Ne l'oubliez jamais.

— Je m'en souviendrai. »

Comment pourrais-je l'oublier ? Je n'avais jamais vu Bernie aussi animé.

« Bien, le sermon est terminé ! » a-t-il plaisanté avant d'adresser un geste théâtral à son avocat, comme pour lui céder la place.

L'avocat m'a alors tendu une serviette contenant un grand classeur noir à trois anneaux, dans lequel il avait réuni l'ensemble des documents de création de la société, les statuts et les certificats d'action. Puis il m'a remis le plus gros chèque que j'aie jamais tenu entre mes doigts.

RÉSUMÉ

- Pour réussir, il vous faut nourrir une vision de croissance et de succès. Vous devez être capable d'imaginer, de façon limpide, comment votre entreprise peut devenir rapidement rentable et continuer de croître en augmentant ses bénéfices, tout comme vous l'avez ébauché dans votre business plan.
- « Chaque difficulté porte en elle le germe d'un avantage équivalent ou supérieur. » Avec cette seule petite phrase, Napoleon Hill nous a donné la clé de l'entreprise visionnaire. Derrière chaque problème se cache une opportunité. Comme

l'exprimait déjà la Bhagavad Gita voilà cinq mille ans, « chaque épreuve de la vie porte en son sein un grand cadeau ». C'est une clé essentielle de la réussite : cherchez les avantages, les occasions à saisir, et même les bienfaits que recèle chaque obstacle que vous rencontrez.

- Ménagez-vous des moments de solitude, chaque jour si possible. Prenez le temps de passer en revue vos objectifs, de vous remettre en tête vos rêves, et de repérer les opportunités qui, toujours, s'offrent à vous. Restez concentré sur votre plan. Ne cessez jamais d'aller de l'avant.
- Ne vous attardez pas sur des visions d'échec. Aucune entreprise ne devrait *jamais* faire faillite – la faillite est l'échec de la vision des dirigeants.
- Un bon manager peut reprendre n'importe quelle affaire, redresser la situation et la rendre prospère. Un mauvais manager, quant à lui, mènera n'importe quelle affaire à sa ruine.
- Votre réussite prendra sans doute des chemins inattendus. Ce sont des choses qui arrivent très souvent. Tout l'enjeu consiste à établir un plan clair, un itinéraire bien défini vers la réussite, tout en restant assez souple pour modifier en permanence vos projets, à mesure que surviennent les difficultés, les obstacles et les opportunités.
- N'oubliez jamais : *La société est prioritaire*. Faites passer les intérêts de votre entreprise avant les vôtres, avant ceux de quiconque, et elle prendra soin de vous, de tous ses actionnaires et employés, et de bien d'autres personnes encore.

- La société est une formidable invention. En elle réside, comme dans chaque individu, une infinité de possibles. Les applications créatives d'une société sont illimitées. La croissance de votre entreprise, tout comme la vôtre dans la vie, est un processus sans fin.

CLÉ N°5

Plan your work and work your plan; manuel de l'employé, bénéfices et intéressement

Sitôt le chèque encaissé, nous avons commencé à dépenser l'argent. Je m'inquiétais de voir à quelle vitesse il filait, même si nous restions dans les limites prévues par le plan. Quand notre société naissante nous a donné nos premiers salaires, j'aurais dû jubiler. Pourtant, c'était la préoccupation qui dominait ; je craignais que nous brûlions prématurément nos ressources limitées, et que ces paies régulières ne viennent à se tarir.

Mais alors, je me suis rendu compte d'une chose : ces inquiétudes émanaient d'un état d'esprit contraire à celui que Bernie encourageait toujours, le raisonnement *visionnaire*. Dès lors, je me suis efforcé de ne plus envisager les scénarios les plus pessimistes ; j'ai essayé de les chasser dès qu'ils me venaient à l'esprit. Je me suis employé de mon mieux à suivre les conseils de Bernie et à rester concentré sur mon plan : sur la vision à long terme, dans un an, comme sur les toutes prochaines étapes à franchir pour cheminer vers l'accomplissement de cet objectif.

J'essayais d'économiser un peu, mais je n'ai pu que constater avec quelle rapidité mon train de vie s'adaptait à l'élévation de mon niveau de revenus. Mon salaire n'était pas mirobolant, mais tout de même bien supérieur à ce que j'avais connu jusque-là. J'avais besoin d'une voiture, d'une télévision... Bref, je me suis vite habitué à dépenser presque tout mon salaire.

Tout de même, l'histoire que m'avait racontée Bernie à propos de la fratrie ayant tout perdu m'était restée en tête. J'ai mis en place un petit virement mensuel vers un fonds commun de placement, en me jurant d'en augmenter le montant quand mes revenus seraient plus importants, si cela arrivait un jour.

Nous n'avons pas eu de nouvelles de Bernie pendant plus d'un mois. Puis, un après-midi, il a téléphoné :

« Ça vous ennuie si je passe vous voir ?

— Au contraire, venez donc ! » me suis-je exclamé.

Il est arrivé presque aussitôt. Il avait dû appeler depuis le coin de la rue. Il est entré de son pas tranquille et s'est mis à bavarder avec tout le monde. À en juger par son expression, ce qu'il voyait lui convenait. Nous nous sommes dirigés vers mon petit bureau du fond. J'ai vu ses yeux se poser sur mon business plan, au sommet d'une des piles de papiers qui recouvraient mon bureau. Il a dû sentir que je ne l'avais pas ouvert depuis le jour de la création de la société.

« Avez-vous déjà entendu cette expression qu'on entend dans le milieu des affaires, *Plan your work and work your plan* ? m'a-t-il demandé.

— Ça ne me dit rien...

— C'est un bon conseil. C'est même essentiel. Vous vous êtes servi de votre plan pour lever des fonds, et c'est très bien. Maintenant, il faut le mettre en œuvre, ce plan. Ne le laissez pas prendre la poussière sur votre bureau. Retravaillez-le constamment, idéalement tous les trois mois - ou au moins tous les six mois. Rapportez-y vos ventes réelles en fin de période, et comparez celles-ci avec vos prévisions. Faites de même avec vos dépenses. Remaniez en permanence votre plan. Gardez toujours à l'esprit vos objectifs. »

Il s'est étiré, comme s'il était chez lui, à l'aise, puis s'est installé dans un fauteuil.

« Vous avez un bon petit groupe d'employés, a-t-il commenté. Des gens sympas. C'est important. J'aime toujours rencontrer les patrons des entreprises dans lesquelles j'investis, et c'est encore mieux quand je peux aussi rencontrer les employés - même dans les cas où j'achète simplement des actions ordinaires. Et j'aime bien que ces rencontres se fassent incognito, qu'on ne sache pas qui je suis. C'est pour ça que je me suis promené un peu dans vos bureaux. C'est la meilleure façon de se rendre compte de ce qui se passe dans une entreprise. Dites-moi, avez-vous rédigé un manuel de l'employé, ou quelque chose d'approchant ?

— De quoi s'agit-il ? » ai-je demandé, un peu penaud.

Je n'en avais aucune idée.

« D'une chose dont il faut se doter au plus vite. Dès qu'on a des employés, dans l'idéal. C'est primordial pour deux raisons : d'abord, pour vous protéger, et ensuite, pour le bien de vos employés, et donc de votre entreprise, évidemment.

Pour ce qui concerne votre protection, il existe un certain nombre de documents juridiques que je vais faire rédiger par mon avocat - là encore, ce sont de simples formalités. Ça ne coûtera pas grand-chose. C'est un accord à faire signer à vos employés en même temps que leur contrat d'embauche, ainsi qu'un autre accord à leur faire signer le jour où ils reçoivent leurs indemnités de licenciement, le cas échéant. En gros, il s'agit pour eux d'attester qu'ils ont bien reçu un exemplaire du manuel de l'employé, et qu'ils comprennent bien que leur emploi au sein de l'entreprise s'établit sur la base de la "libre collaboration". Autrement dit, les deux parties sont libres de mettre fin au contrat à tout moment, avec ou sans motif. Les deux parties conviennent aussi que tout conflit sera résolu par voie de médiation, voire par arbitrage si nécessaire.

Cet accord vous protège des actions en justice et vous aide à éviter les procès. Car - encore un précieux conseil- : *Évitez les procès ; efforcez-vous de régler les différends sans l'aide d'avocats.* Les avocats sont payés pour provoquer les conflits, or un conflit qui va jusqu'au tribunal devient une guerre, et la guerre, par définition, nuit à toutes les parties. Personne n'y gagne, à l'exception des avocats eux-mêmes. Un dirigeant intelligent, conscient, n'a nul besoin d'actions en justice, ni même d'avocats, sauf pour des questions pacifiques - pour du conseil, par exemple, ou la vérification des contrats. »

J'allais lui demander ce qu'il entendait au juste par « conscient », mais il a tout de suite repris le fil de son discours. Pour je ne sais quelle raison, l'idée de l'interrompre me gênait. Bernie a donc continué sur sa lancée.

« Apprenez à vous passer des avocats pour régler les conflits. Si vous ne pouvez absolument pas dénouer la situation par vous-même, recourez à la médiation. Un bon médiateur est capable de travailler avec les deux parties afin de trouver un compromis acceptable pour chacune. C'est une bien meilleure solution que l'action en justice.

Donc, vous privilégiez la médiation ; et si la médiation ne suffit toujours pas, vous allez à l'arbitrage. Mais seulement en dernier ressort. Pour ma part, je n'ai jamais eu à aller jusque-là. Et la seule et unique fois où j'ai eu recours à la médiation, j'ai trouvé l'expérience très enrichissante.

Efforcez-vous d'apaiser tous les conflits par vous-même, en cherchant une solution qui valorise et respecte chacune des personnes impliquées. Vous vivrez bien plus longtemps et serez bien plus prospère. »

Sa réflexion m'a fait penser à la célèbre expression de M. Spock, dans *Star Trek*: « Longue vie et prospérité » ; Bernie était-il donc un amateur de la série ?

« L'autre versant du manuel de l'employé – la partie agréable – énonce tous les avantages accordés aux employés. En avez-vous déjà défini pour les vôtres – officiellement, je veux dire ?

— Rien d'officiel, non, ai-je répondu. Aucun d'entre eux n'est chez nous depuis très longtemps... Nous avons évoqué les congés payés, les congés maladie – nous les appelons les “jours bien-être”, si bien qu'ils n'ont pas besoin de faire semblant d'être malades pour pouvoir les prendre. Nous n'avons pas encore les moyens de leur proposer une assurance santé, je pense, mais nous sommes tous d'accord pour mettre en place quelque chose de cet ordre dès que possible.

— Très bien, a approuvé Bernie. Le mieux que vous puissiez faire pour la bonne santé de votre entreprise – et pour la vôtre, bien entendu – est de proposer le bouquet d'avantages le plus complet possible. Vous ne gagnez pas encore beaucoup d'argent, certes, mais vous pouvez toujours commencer par offrir un grand nombre de jours de vacances et de congés maladie. De "jours bien-être", je veux dire – j'aime bien cette formule. Les congés ne vous coûtent pas grand-chose de votre poche. Et ils sont générateurs de bonne volonté. Offrez à vos employés un jour de congé pour leur anniversaire, assorti d'une prime, même si la somme n'est que symbolique au début. Ils apprécieront le geste, croyez-moi.

Accordez des primes à Noël, aux anniversaires, à la fin de l'année fiscale – peu importe la modestie première du montant. Puis visualisez des primes de plus en plus importantes. Offrez-leur une autre prime encore pour marquer l'anniversaire de leur arrivée dans l'entreprise, avec un petit mot, une petite carte, pour les remercier de leur contribution. Ces détails-là aussi seront appréciés. »

Toutes ces idées me paraissaient excellentes.

« J'ai lu une étude qui montrait que les employés accordent encore plus d'importance à la reconnaissance et à l'appréciation de leur travail qu'aux primes. Je n'y crois pas vraiment, mais il est tout de même primordial d'exprimer régulièrement votre reconnaissance à vos employés. Évidemment, si vous associez reconnaissance *et* primes, c'est encore mieux.

Souscrivez à une complémentaire santé dès que possible. De nos jours, personne ne peut plus s'en passer : le coût des soins est devenu exorbitant, au point que ça en devient ridicule. Et, dès que vous commencerez à faire des bénéfices, ajoutez-y un volet dentaire. C'est relativement abordable, et ce sera un vrai plus pour vos employés. La plupart des gens l'utilisent bien davantage que le reste de leur couverture maladie.

Toutes les entreprises devraient pouvoir offrir à leurs employés une couverture maladie et dentaire sans reste à charge. Si elles n'en sont pas capables, c'est que quelque chose ne tourne pas rond dans leur modèle économique de départ. Quand j'entends un chef d'entreprise, petite ou grande, se plaindre qu'il n'a pas les moyens de prendre en charge la complémentaire santé de ses salariés, ça me désole. S'il n'en a pas les moyens, c'est parce qu'il ne fait pas les choses comme il faut, car les mutuelles d'entreprise ne sont pas hors de prix – elles ne représentent qu'une part infime du salaire d'un employé. »

Il m'était déjà arrivé de me faire cette réflexion à propos de la couverture maladie. C'était bien agréable d'entendre un homme d'expérience comme Bernie me conforter dans mes convictions.

« Le plan épargne retraite est aussi un point très important. Y avez-vous pensé ?

— Pas vraiment, ai-je répondu. Nous avons clairement l'intention de bien faire les choses, mais, pour l'instant, nous ne nous sommes pas beaucoup penchés sur ces questions.

— Il existe de très bonnes solutions pour la retraite, indexées sur les bénéfices : si vous ne gagnez rien, vous ne versez rien. Ainsi, les mauvaises années, ça ne nuit pas à l'entreprise. En revanche, sur les bénéfices, vous pouvez cotiser à hauteur de 10 ou 15 % du salaire d'un employé sur un compte net d'impôts. Le pécule grossit au fil des années, de sorte que vos employés perçoivent une coquette somme au moment de leur retraite. Ils peuvent même s'en servir pour garantir un prêt immobilier, un prêt étudiant ou pour débloquer des fonds en cas d'urgence médicale. Et cela leur évite d'y passer une partie de leurs fonds propres. À votre place, je n'attendrais pas pour me renseigner, et pour présenter le projet à mes employés, même avant que votre maison commence à faire des bénéfices. Pareille démarche incite chacun à réduire les coûts, à augmenter les ventes et à œuvrer à la rentabilité de l'entreprise. Tout le monde se met à réfléchir comme un patron.

Les primes dont j'ai parlé tout à l'heure sont l'autre élément important à retenir. Laissez-moi vous raconter une petite anecdote... Auriez-vous un peu de café, par hasard ?

— Oh ! Bien sûr, Bernie ! Pardon... »

Je me suis levé d'un bond, confus d'avoir à ce point manqué de considération.

« Y a-t-il quoi que ce soit d'autre que je puisse vous offrir ?

— Non, c'est parfait. Ah si ! Auriez-vous du sucre ? »

Quelques minutes plus tard, nous avons repris nos places devant une tasse de café fumant, et Bernie a commencé son récit.

« Il y a longtemps, je travaillais dans l'hôtellerie, et on m'a proposé de reprendre la direction d'un hôtel en Suisse. C'était bien avant votre naissance, à la dernière ère glaciaire. Dès mon arrivée, j'ai fait le tour des lieux... J'ai découvert une pagaille sans nom. L'établissement était dans un état pitoyable. Il perdait de l'argent. Les salariés avaient le moral au trente-sixième dessous. Le service était déplorable. Et je ne parle même pas du niveau de "démarque", comme on dit aujourd'hui. La démarque... Ce mot me fait mourir de rire ! C'est un... comment dit-on... un euphémisme pour "vol". Couverts, serviettes, articles de toilette, nourriture, peinture – tout ce que vous voulez –, tout disparaissait constamment. Les employés, payés au ras des pâquerettes, n'avaient pratiquement droit à aucun avantage : pas d'épargne retraite, pas d'intéressement, rien. Je vous laisse imaginer l'état des relations entre les employés et la direction. Une catastrophe. Tout le monde en voulait à tout le monde. La rotation du personnel était très élevée, ce qui coûte beaucoup plus cher aux entreprises que ne semblent le croire la plupart de nos chers compteurs de haricots.

Une réunion s'est organisée avec tous les patrons et actionnaires de l'hôtel. Nous nous sommes assis autour d'une grande table ovale – nous devions être une bonne vingtaine. Je leur ai dit que j'acceptais le poste à une condition : qu'ils consentent à augmenter les salaires et à mettre en place un package salarial digne de ce nom pour les employés. Ils allaient aussi devoir accepter que j'applique une formule toute simple : un tiers des bénéfices serait réinjecté dans l'hôtel, un tiers irait aux employés sous forme de primes, et un tiers serait redistribué aux actionnaires.

Vous auriez dû voir leur réaction ! Ils m'ont tous dévisagé comme si j'avais perdu la tête ! Ils ne voyaient pas d'inconvénient à réinvestir dans l'hôtel, mais l'idée d'allouer aux employés la même part de bénéfices qu'aux actionnaires les a rendus proprement hystériques.

Je leur ai expliqué que telles étaient mes conditions s'ils tenaient à me confier ce poste. C'était à prendre ou à laisser. De toute façon, comme je le leur ai fait remarquer, ils ne faisaient aucun bénéfice ! L'établissement perdait de l'argent ! Beaucoup d'argent ! Ne valait-il pas mieux gagner 33 % de quelque chose plutôt que 100 % de rien ?

Ils ont fini par m'engager. Je pense qu'ils étaient aux abois. Ma première décision a été de réunir tous les employés et de leur exposer mon programme d'intéressement. Je leur ai annoncé qu'ils recevraient désormais un tiers des bénéfices – autant que les patrons.

Vous ne croiriez pas à quel point l'ambiance générale s'est transformée – enfin, je parie que si, à bien y réfléchir. Le service s'est amélioré *instantanément*. Les vols commis par les salariés ont presque complètement cessé. Les employés commençaient à réfléchir comme des patrons, car ils savaient qu'une part substantielle des bénéfices leur reviendrait.

Au bout de ma première année dans cet établissement, ils ont reçu un chèque d'intéressement équivalent à près de deux semaines de salaire. Une poignée d'actionnaires continuaient à se plaindre de l'arrangement, mais le fait est que nous avions rétabli la situation et que l'hôtel était de nouveau rentable. Quand je suis parti, au bout de sept ans, la prime d'intéressement des employés avait atteint un montant équivalent à plus de *huit mois* de salaire. En espèces. Les actionnaires étaient satisfaits. Les salariés, *extatiques*. Les clients, comblés. L'hôtel avait fière allure. Tout le monde y avait gagné. »

Il a saisi l'anse de sa tasse de café entre ses longs doigts délicats.

« Impressionnant, Bernie.

— Pas vrai ? Et j'ai moi-même bien tiré mon épingle du jeu. On m'a octroyé des parts dans l'entreprise, si bien que j'ai gagné de l'argent à la fois en tant qu'employé et en tant qu'actionnaire.

Vous comprenez maintenant pourquoi je vous recommande de mettre en place quelque chose d'équivalent. Vous choisirez peut-être une autre répartition des bénéfices, notamment en ce qui concerne la part à réinjecter dans l'entreprise – un tiers, c'est peut-être plus que nécessaire. En tout cas, quelle que soit la part que vous réinvestissez, je vous conseille de diviser ce qui reste à égalité entre les propriétaires et les employés. Bien entendu, les propriétaires qui sont également employés doivent bénéficier des deux types d'intéressement, car ils remplissent deux rôles distincts. Les propriétaires méritent d'être bien rémunérés pour leur investissement, leur énergie, leur vision ou toute autre raison qui les a conduits à occuper leur position. Et les employés, eux aussi, méritent d'être bien rémunérés sur les bénéfices réalisés par l'entreprise.

Je vais vous livrer l'une de mes fermes convictions, confirmée par ma propre expérience – à vrai dire, il s'agit d'une vérité autoréalisatrice : *Donnez la moitié de vos bénéfices à vos employés, et l'entreprise générera plus du double des bénéfices qu'elle générait jusque-là.* Ce principe fonctionne si bien qu'à long terme, vous gagnerez plus en tant que patron que si vous aviez gardé tous les bénéfices pour vous. C'est un système d'intéressement dans lequel tout le monde est gagnant.

Toutes les entreprises, sans exception, devraient avoir un système d'intéressement, même les plus petites affaires familiales. Un système qui englobe *tout le monde*. Il n'y a aucune excuse pour ne pas en avoir – c'est une simple question de bon sens entrepreneurial : à long terme, les patrons gagnent davantage d'argent s'ils partagent généreusement les bénéfices avec tous les membres de l'entreprise, y compris les employés à temps partiel.

Même les plus petites structures – celles qui comportent, disons, un seul employé à temps partiel – peuvent mettre quelque chose en place. Il suffit de dire à vos employés : "Écoutez, voilà, nous allons vous donner une partie des bénéfices. Nous ne savons pas encore quelle somme cela représentera ; nous ne savons même pas si nous ferons des bénéfices un jour. Mais, si c'est le cas, vous en verrez la couleur." Puis observez ce qui se produit. »

Dans mon idée, l'intéressement était une chose que nous mettrions en place plus tard, une fois que notre entreprise serait devenue rentable. Et voilà que Bernie m'apprenait qu'il n'était pas nécessaire d'attendre. J'ai noté dans un coin de ma tête qu'il fallait que j'en parle à tout le monde.

« Toutes les entreprises devraient prévoir un intéressement, a répété Bernie. J'aimerais bien voir ce que ça donnerait dans les services postaux. Vous imaginez ? La distribution du courrier, gérée comme une entreprise privée, avec une participation aux bénéfices pour les employés. McDonald's aussi devrait s'y mettre, et rémunérer enfin ses employés au-dessus de ce ridicule salaire minimum. Comment peut-on se loger et vivre avec le salaire minimum, de nos jours ? Pour moi, c'est un mystère. Je serais même prêt à payer mon Big Mac plus cher si je savais qu'on y rémunérait mieux les employés et qu'on les faisait bénéficier d'un intéressement.

Et le *gouvernement* ? Réfléchissez-y ! Il existe certainement une manière créative de mettre en place un système d'intéressement. Après tout, le gouvernement est une entreprise – gigantesque, certes, et divisée en bien trop d'agences et d'intérêts particuliers, mais une entreprise tout de même. Chacun des services pourrait avoir divers objectifs – en particulier des objectifs de réduction des coûts. Si la direction et les employés parviennent à réduire leurs coûts de, disons, 20 %, ils obtiennent une prime de 5 %. Quelque chose comme ça. Il existe une foule de choses à expérimenter, pour peu qu'on encourage les gens à réfléchir de façon créative – or c'est précisément l'effet de l'intéressement.

Accorder des primes aux employés quand ils proposent des solutions pour économiser est une autre excellente manière de partager les bénéfices. Je l'ai moi-même fait à de nombreuses reprises au fil des années.

Vos employés sont votre meilleur atout. Vous pouvez proposer les produits les mieux conçus, les services les plus utiles au monde, si vous n'avez pas les employés compétents pour fabriquer ces produits et fournir ces services, pour les vendre et les promouvoir, pour s'occuper de votre comptabilité, maîtriser les dépenses, gérer votre trésorerie, vous n'avez rien – hormis de bonnes grosses migraines.

Donc, offrez-leur de solides avantages dès que vous en avez la possibilité – *et tout particulièrement une participation aux bénéfices*. Vous savez quel effet produit l'intéressement, en bref ? Il insuffle aux employés la fierté du propriétaire. Au fond, qu'est-ce que c'est, être propriétaire ? Qu'est-ce que ça veut dire ? Ça signifie avant tout que vous obtenez une part des bénéfices quand l'entreprise prospère. Ça peut aussi signifier que vous avez votre mot à dire sur la gestion de l'entreprise – même si ce n'est pas toujours le cas. Cela dit, en tant que patron, vous êtes un parfait idiot si vous ne laissez pas voix au chapitre à vos employés : ce sont eux qui sont dans les tranchées toute la journée, à faire leur boulot ; ils ont une vision bien plus claire que vous des spécificités et des contrariétés inhérentes à leur tâche. En général, ils savent mieux que vous comment améliorer leur productivité – pas toujours, mais souvent. Ils jouissent d'une perspective que vous-même n'avez pas. De ce fait, si vous les encouragez à réfléchir comme des dirigeants, et que vous les rémunérez comme des patrons, vous leur donnez la fierté du propriétaire. Vous leur apportez la satisfaction professionnelle. En retour, ils travailleront dur pour vous, vous pouvez me croire. J'en ai eu la preuve de multiples fois. »

Bernie parlait avec animation, et le café n'en était pas seul responsable. Ses idées lui enflammaient l'esprit. J'ai saisi un carnet et me suis mis à prendre des notes.

« Traitez vos employés en adultes responsables, et ils agiront en tant que tels ; considérez-les comme des atouts de valeur, et ils le deviendront. Par les primes en espèces et le plan d'épargne retraite, tous les employés qui restent au sein de l'entreprise amassent du capital au fil des ans et se préparent un avenir confortable. Vous n'avez qu'à appeler ça le programme "S'enrichir pas à pas avec Marc", ou quelque chose dans ce goût-là. Je suis sûr que vous trouverez un meilleur titre. »

Il semblait amusé de sa propre plaisanterie.

« Vous avez des idées très généreuses, ai-je commenté.

— Certains m'en ont fait le reproche, vous savez ? On m'a dit que je l'étais "presque trop". Mais voici comment je vois les choses : je suis généreux à des fins égoïstes, car ma générosité me rend nettement plus prospère. Je sais comment instaurer des relations de longue durée qui soient profitables à chacun. Telle est la clé de la réussite en ce monde.

En outre, il vaut bien mieux être généreux que pingre ; accorder trop de congés que pas assez ; donner trop d'avantages en nature que trop peu ; être trop souple que trop dirigiste ; et il vaut nettement mieux être trop indulgent que trop sévère dans ses jugements. »

Il m'a adressé un grand sourire, avant d'avaler les dernières gouttes de son café sucré. À cet instant, il m'est venu à l'esprit que, lorsque quelqu'un dit la vérité, tout le monde s'en rend compte, car c'est évident. Comme l'ont déclaré les fondateurs des États-Unis, la vérité est *évidente par elle-même*.

Bernie a repris :

« L'entreprise est un moyen de réaliser vos rêves. Travaillez avec tous vos employés afin qu'ils puissent, eux aussi, réaliser leurs rêves - que ceux-ci s'inscrivent dans une collaboration prolongée avec votre entreprise ou résident en dehors d'elle. Faites-leur tous rédiger un projet pour les cinq ans à venir, sauf si cette idée les met mal à l'aise - certaines personnes ont des difficultés à se projeter si loin dans le temps. Quoi qu'il en soit, aidez-les à imaginer leur avenir, de la même façon que je vous encourage à le faire pour vous-même. Tout le monde y gagnera, vous comme vos employés. Cette démarche aura le double avantage de les rapprocher de l'accomplissement de leurs rêves tout en instaurant une atmosphère de convivialité et de loyauté. Elle leur montrera qu'ils constituent un membre essentiel de l'équipe. »

Il s'est tu un moment. À cet instant, de nouveau, il m'a un peu fait penser à maître Yoda.

« Ah ! Et encore un petit conseil avant que je m'en aille. Ce devrait être une évidence pour tous les supérieurs hiérarchiques, pour tous les employeurs, et pourtant... Quand vous félicitez un employé – ce qu'il faut faire le plus souvent possible –, faites-le en public, devant les autres. À l'inverse, quand vous devez adresser une critique ou une remarque, quelle qu'elle soit, faites-le en privé. C'est une technique toute simple de bon management, une clé qu'on devrait enseigner à tous, y compris, même, aux parents et à toute personne engagée dans une relation sérieuse. »

J'ai noirci plusieurs pages de notes après le départ de Bernie. J'avais presque envie de les intituler « L'Évangile selon Bernie ».

RÉSUMÉ

- *Plan your work and work your plan.* Remaniez continuellement votre business plan, en y intégrant vos chiffres de ventes réels et en les comparant avec vos prévisions. Gardez constamment en tête vos objectifs.
- Rédigez un manuel de l'employé qui vous protégera, vous employeur, des procès inutiles, tout en garantissant un ensemble d'avantages généreux pour chacun de vos employés.

- Évitez les batailles juridiques. Trouvez des moyens de résoudre les conflits sans l'aide des avocats. Un chef d'entreprise conscient n'a que faire des avocats, sauf pour des motifs pacifiques.
- Toute entreprise – grande ou petite – devrait offrir de nombreux congés payés, une couverture médicale et dentaire, un plan d'épargne retraite et un système d'intéressement aux bénéfices.
- Redistribuez la moitié de vos bénéfices – après avoir gardé le nécessaire à réinjecter dans l'entreprise – à vos employés ; l'entreprise s'en portera si bien qu'à long terme les propriétaires gagneront beaucoup plus d'argent que s'ils avaient tout gardé pour eux. C'est ce qui s'appelle un intéressement où tout le monde gagne.
- Grâce à l'intéressement et au plan d'épargne retraite, tout employé qui reste au sein de l'entreprise peut, au fil des années, amasser des capitaux et se construire un avenir d'abondance.
- Félicitez publiquement vos employés. Formulez vos reproches en privé.
- Il vaut bien mieux être trop généreux que trop pingre, accorder trop de congés que pas assez, donner trop d'avantages en nature que trop peu, être trop souple que trop dirigiste ; et il vaut nettement mieux être trop indulgent que trop sévère dans ses jugements.

CLÉ N°6

Évitez le management par gestion de crise ; fixez-vous un objectif annuel clair

Quelques semaines plus tard, j'ai invité Bernie à déjeuner. C'était la première fois que notre petite maison d'édition réglait l'addition. La note n'avait rien d'astronomique : Bernie s'est contenté d'un petit fast-food meublé de tables en formica. Tout lui convenait pourvu qu'on lui serve un sandwich de pain blanc au jambon.

Je lui ai parlé de nos projets les plus récents ; il a semblé intéressé, moins par les projets eux-mêmes que par ce qu'ils allaient coûter et les résultats que nous en attendions sur nos ventes. Nous avions concocté une « étude de faisabilité » pour chacun des projets : notre directeur marketing avait établi des prévisions de ventes sur un an, et notre service financier – composé de la comptable à temps partiel et de moi-même – avait estimé les dépenses et les bénéfices escomptés. Bernie a eu l'air impressionné.

« On dirait bien que vous faites preuve de suivi dans vos projets, que vous travaillez à les concrétiser, a-t-il commenté. C'est important. Il ne faut pas attendre les bras ballants que les grandes avancées vous tombent du ciel. Au contraire, il faut décider de ce que vous voulez et aller le chercher par vous-même. Avez-vous un objectif de ventes bien défini pour cette année ? »

Sa question m'a un peu pris au dépourvu ; j'ai eu un instant d'hésitation. La réponse figurait dans le business plan, mais elle ne m'est pas revenue sur le moment.

« Vous devriez avoir ce chiffre juste au bout de la langue, a fait observer Bernie. Il devrait être *gravé* dans votre tête. Écrivez-le et mettez-le bien en évidence. Collez-le sur votre bureau, glissez-le dans votre portefeuille avec votre argent. Mettez-le partout où vous pouvez le voir, et gardez-le en mémoire. Inscrivez-le sur votre miroir de salle de bains – bref, faites tout ce qu'il faut pour l'imprimer au plus profond de votre subconscient. Répétez-lui votre objectif de ventes et de bénéfices pour l'année, et votre subconscient vous indiquera le chemin à suivre pour y parvenir. Car telle est l'étendue de sa puissance !

J'ai lu un article très intéressant il y a quelque temps, à propos d'une entreprise qui connaissait de grandes difficultés. Les directeurs du département en crise ont décidé de le racheter à la maison mère et d'en faire une entreprise indépendante. À l'époque, les ventes annuelles ne dépassaient pas quatre millions de dollars, et l'activité était déficitaire. Les directeurs ont présenté aux employés un plan sur cinq ans pour arriver à relever le chiffre des ventes jusqu'à 34,23 millions de dollars par an. Leur plan détaillait avec minutie ce qu'il fallait faire pour parvenir à cet objectif précis de 34,23 millions de dollars de ventes annuelles cinq ans plus tard.

Et vous savez quoi ? Ils ont atteint leur objectif, pile. Exactement 34,23 millions de dollars. Ça vous montre un peu la puissance d'un plan détaillé et d'un objectif précis, clairement défini.

Restez concentré sur votre objectif. Ne laissez pas les doutes, la peur ou les visions réductrices l'amoindrir. Ne pensez pas "trop petit" - car alors, l'entreprise que vous créez restera elle aussi trop petite. Votre entreprise est le reflet de votre esprit ; elle reflète votre visualisation dominante. »

Je n'ai pas pu m'empêcher de sourire. D'une certaine façon, je ne m'habituais pas à entendre ce vieux monsieur aux cheveux blancs plaqués en arrière parler de visualisation. Pour autant, je souscrivais pleinement à ses propos. Sans compter que ses théories s'appuyaient sur une longue expérience. Indifférent à mes réactions, Bernie a poursuivi :

« Si vous parvenez à visualiser en continu votre entreprise comme une affaire prospère, rentable - avec des chiffres précis et en constante augmentation -, votre entreprise continuera à croître et à prospérer. À l'inverse, si vous vous focalisez sur les complications inhérentes à la croissance, les tracas du quotidien, les incompatibilités d'humeur, les difficultés à sortir de nouveaux produits (dans votre cas, à prévoir de nouvelles publications), les conflits avec les fournisseurs et les distributeurs, les flux de trésorerie et j'en passe, vous finirez par ne créer que des problèmes et vous n'irez nulle part.

Tandis que si vous restez concentré sur la vision de votre réussite, si vous gardez en tête une image claire de là où vous voulez en être dans un an, et même dans cinq ans – si vous y parvenez –, alors vous finirez par aligner les forces précises dont vous avez besoin pour faire advenir votre réussite. *Restez concentré sur un objectif clair, et l'univers se chargera de régler les détails.* »

Cette phrase a eu un immense retentissement pour moi – je n'étais pas près de l'oublier ! Se pouvait-il que les choses soient aussi simples ? Suffisait-il vraiment de rester concentré sur un objectif pour que l'univers se charge de régler les détails ? Mais déjà Bernie reprenait son discours, avec une assurance inébranlable, comme si toutes les paroles qu'il prononçait étaient la vérité absolue et relevaient de l'évidence.

« Vous seul êtes l'artisan de votre réussite, tout autant que de votre échec. Si la visualisation de votre réussite est plus forte que vos doutes et vos craintes, vous réussirez. C'est aussi simple que ça. Si vous laissez vos doutes et vos craintes prendre le dessus, ces doutes et ces craintes saperont votre réussite. Vous finirez par confirmer vos doutes et faire advenir ce que vous craignez plutôt que ce que vous désirez.

Vous devez garder à l'esprit le tableau d'ensemble, sans jamais cesser de vous répéter que vous êtes capable de le concrétiser. Il vous faut être votre propre coach et votre propre supporter. »

Un serveur est passé à côté de notre table.

« Bon, je crois que je vais reprendre un café, a annoncé Bernie. C'est indéniablement une conversation à deux tasses que nous avons là. »

Son visage rayonnait d'enthousiasme. À cet instant, il avait lui-même quelque chose du coach et du supporter.

« Richard Bach a écrit un jour – je crois que c'était dans *Le Messie récalcitrant* – : "Faites-vous l'avocat de vos propres limites, et elles se confirmeront." Quand on plaide en faveur de ses propres limites, on gagne à tous les coups. Si vous ne cessez de vous répéter combien *réussir est difficile*, réussir devient réellement difficile pour vous.

La réussite résulte d'un mode de pensée centré sur la réussite. L'échec résulte d'un mode de pensée dominé par le doute et la crainte. Votre pensée dominante finira toujours par devenir réalité. Il ne peut en être autrement. C'est une loi de la nature. Toute pensée finit par s'autoréaliser. »

Bernie a siroté une gorgée de café. J'espérais que je me rappellerais ses paroles.

« À mon sens, il n'existe que deux styles de management : le management par gestion de crise et le management par objectifs. Quiconque est pris au piège du premier se laisse tellement absorber par les tracas du quotidien qu'il ou elle n'a jamais le temps de prendre du recul pour regarder le tableau d'ensemble. Cette personne a constamment le nez dans le guidon, elle ne dirige jamais vraiment la bicyclette. Les détails du quotidien finissent par prendre toute la place, si bien que la vision que cette personne avait de l'avenir se perd. Car il existait sans doute une vision de départ, un rêve originel, mais l'anxiété générée par les difficultés quotidiennes a érodé ce rêve, et a fini par le détruire. Il a perdu son pouvoir. Il a été oublié.

Un rêve est une chose fragile – et peut cependant être d'une puissance extraordinaire. Mais, pour cela, il faut le renforcer en permanence, de sorte qu'il s'enracine fermement dans le subconscient. Quand ce rêve est exprimé sur papier sous la forme d'un plan concret, réalisable, alors la magie opère : toutes les forces dont vous n'avez jamais osé rêver entrent en jeu pour vous aider à le réaliser.

Je crois dur comme fer qu'il y a là une forme de magie – je l'ai vue se manifester bien des fois au cours de ma vie. Mais je parle, je parle, et j'en oublie de manger ! »

J'ai ressenti une bouffée d'affection pour mon interlocuteur en le voyant s'emparer de son sandwich au jambon. Bernie était bien plus qu'un homme d'affaires – c'était un magicien. Il savait ce que signifiait le mot visualisation. Il comprenait la magie. Et il utilisait son propre pouvoir pour générer beaucoup de bien dans le monde.

RÉSUMÉ

- *Gravez* clairement dans votre esprit le montant des ventes et des bénéfices que vous comptez réaliser dans l'année.
- Ne laissez pas les doutes, les craintes, la pensée réductrice saper cet objectif. Ne pensez pas « trop petit » – sous peine de voir l'entreprise que vous avez créée rester petite, elle aussi. Votre entreprise est le reflet de votre esprit ; elle est la représentation de votre visualisation dominante.
- Il n'existe que deux styles de management : le management par gestion de crise et le management par objectifs. Les personnes prises au piège du management par gestion de crise ont constamment le nez dans le guidon, elles ne dirigent jamais vraiment la bicyclette. Elles ont perdu leur vision de l'avenir.
- Si vous gardez en tête une image claire de là où vous voulez en être dans un an, vous finirez par

aligner les forces précises dont vous avez besoin pour faire advenir votre réussite. L'univers se chargera de régler les détails.

- Un rêve est une chose fragile, et peut cependant être d'une puissance extraordinaire. Mais, pour cela, il faut le renforcer en permanence, de sorte qu'il s'enracine fermement dans le subconscient, et il faut l'exprimer sous la forme d'un plan concret, réalisable. C'est alors que la magie opère : toutes sortes de forces entrent en jeu pour vous aider à le réaliser.

CLÉ N°7

Donnez en abondance et récoltez les fruits de votre générosité

Nous sommes rentrés à pied jusqu'au bureau par un chemin plus long, plus pittoresque, en bordure d'un parc. Après ce déjeuner, nous avions besoin d'un peu d'exercice.

« C'est un joli coin du monde, ici, a commenté Bernie. Un coin qui n'a pas été détruit par la stupidité des grands patrons. »

De la part d'un homme si favorable aux affaires, un tel discours avait de quoi surprendre. Il faut dire, cependant, que Bernie était plein de surprises.

« C'est une véritable honte de voir à quel point le commerce a pollué la planète, a-t-il affirmé. Et tout est la faute des patrons de grandes entreprises. Ils ne peuvent s'en prendre à personne d'autre. Ce sont eux les responsables, convaincus qu'il n'y a rien de plus important au monde que les richesses qu'ils génèrent pour leurs actionnaires – et pour eux-mêmes, bien entendu. Or, ils se trompent lourdement – c'est important, certes, mais il existe d'autres choses qui le sont bien davantage, à commencer par la qualité de vie de tout un chacun sur notre belle planète si fragile. »

Je n'ai pu m'empêcher de sourire en entendant ce vieil homme en costume marron, avec ses boutons de manchettes et son épingle de cravate en or, s'exprimer en ces termes.

« Au bout du compte, les gens et la planète comptent infiniment plus que les profits. »

Bernie me livrait là sa version de la triple performance.

« Je vais vous dire une chose à propos de la propriété. Elle s'accompagne d'une responsabilité. Quelle que soit la nature de votre propriété – voiture, maison ou entreprise –, vous en êtes comptable. Vous êtes responsable de son entretien, tout autant que de son impact sur le monde.

Vous devez entretenir votre maison, sous peine de la voir perdre sa valeur. Vous devez entretenir votre voiture pour éviter qu'elle ne pollue trop – c'est la loi. Les patrons, eux, doivent entretenir leur entreprise. La plupart d'entre eux s'imaginent que cela revient à la faire croître et à la rendre de plus en plus rentable. C'est important, bien sûr. Mais il existe d'autres aspects de la propriété qu'un grand nombre de patrons ne voient tout simplement pas – ou dont ils ne veulent pas se soucier –, et leur aveuglement, leur manque de vision, suscite bien des problèmes dans le monde.

Les patrons ont une grande responsabilité vis-à-vis de leurs employés, de la vie locale et de l'environnement. De la même façon qu'ils cherchent à s'offrir une vie heureuse et saine, il est de leur *devoir* d'offrir la même chose à leurs employés.

C'est là qu'un grand nombre d'entreprises – grandes et petites – font fausse route. Ces grands industriels qui délocalisent leur production pour payer leurs employés une misère et qui polluent à tour de bras s'exposent à un sévère retour de bâton. Ils placent les profits au sommet de leurs priorités et ignorent tout le reste. Leurs ouvriers souffrent de la pauvreté. Et eux polluent l'environnement.

Ce qu'ils doivent comprendre, c'est qu'ils sont responsables du bien-être de leurs employés, et également de la préservation de l'environnement. Un patron doit s'en préoccuper autant que de son résultat net. À long terme, soutenir les employés, la vie locale, et contribuer à réparer les dommages causés à l'environnement, est bon pour les affaires, et même pour le résultat net.

Henry Ford l'avait compris : il rémunérait ses ouvriers bien au-delà de ce qu'il aurait pu se contenter de faire, et, quand on lui demandait pourquoi, il répondait qu'il avait besoin que ses employés aient les moyens d'acheter ses voitures. Logique imparable. Payez bien vos employés, et ils auront de l'argent à dépenser. C'est bon pour l'ensemble de l'économie, donc pour votre entreprise, donc pour toutes les autres entreprises. »

Nous avons marché en silence pendant quelques instants. Puis Bernie a secoué la tête d'un air triste avant de reprendre :

« C'est ce type de patronat stupide, amoral – et même immoral, dans bien des cas –, tellement répandu de nos jours, qui est la principale cause de pollution, et aussi une cause majeure de la pauvreté. Or, la pollution et la pauvreté signifient un déclin de notre qualité de vie à tous, car nous sommes tous dans le même bateau. »

Il s'est arrêté et a tourné les yeux vers le parc. Il avait ce regard de tristesse et d'humour mêlés qui me faisait toujours penser à maître Yoda.

« Donc, prenez soin de vos employés et de votre environnement, même si votre résultat net doit en être un peu moins spectaculaire, du moins à court terme. C'est de l'argent bien dépensé. Si vous n'êtes pas capable de mener une affaire sans exploiter des gens ou polluer la planète, c'est que vous n'êtes pas à votre place. Ou alors, c'est qu'il vous faut réinventer votre modèle économique afin de respecter la triple performance : *rentabilité, responsabilité sociale, respect de l'environnement.*

Cette formule se répand de plus en plus – heureusement ! Les gens et la planète comptent autant – davantage, en fait – que les profits.

Les PDG peuvent bien dire ce qu'ils veulent ; *toutes* les entreprises, toutes les industries, ont la responsabilité de prendre soin de leurs employés et de soutenir la vie locale dans les territoires où sont implantés leurs usines et leurs bureaux.

De la même façon, toutes les entreprises, toutes les industries, ont la responsabilité de limiter la pollution qu'elles génèrent. Chacun doit nettoyer derrière soi. Dès maintenant, sans tergiverser ni chercher d'excuses.

Prenez l'industrie automobile – contributeur majeur à la pollution à travers le monde. Henry Ford se savait capable de concevoir des véhicules consommant un carburant relativement propre, mais son vieil ami Rockefeller, homme d'affaires dans l'industrie du pétrole, l'en a dissuadé. Je suis prêt à parier que si ces deux hommes avaient pu prévoir la pollution qu'allait engendrer leur décision, ils auraient opté pour des carburants plus propres, et nous vivrions aujourd'hui dans un monde autrement plus sain. À présent, l'industrie automobile a un défi de taille à relever. Elle doit cesser de procrastiner et mettre au point des véhicules consommant des carburants propres. »

L'espace d'un instant, il m'a fait penser à un vieux Roi Lear fulminant dans la tempête.

« Que pouvons-nous y faire, vous et moi ? Beaucoup de choses, à vrai dire. Nous pouvons opter pour l'énergie solaire et faire en sorte que nos entreprises soient les plus vertes possibles. Nous pouvons certainement faire connaître nos opinions aux décisionnaires. Et voici un autre acte à votre portée qui aura un réel impact mondial : dès que vous commencerez à faire des bénéfices, donnez-en un pourcentage généreux à des organismes qui œuvrent d'une façon ou d'une autre à rendre le monde meilleur, localement ou à l'échelle globale. Donnez en abondance, aussi bien par le biais de votre entreprise qu'à titre individuel.

Toutes les sociétés devraient donner généreusement. Si toutes les entreprises rentables du monde donnaient ne serait-ce que 5 % de leurs bénéfices à des organismes à but non lucratif qui aident les populations et préservent l'environnement, imaginez quel impact elles pourraient avoir !

Les actionnaires survivraient – et continueraient même à prospérer – malgré ces 5 % de dividendes en moins, qui iraient à des bonnes causes plutôt que dans leurs poches. Et cette somme, elle, aurait un effet incroyable ! Si la moitié des habitants et la moitié des sociétés sur cette Terre donnaient ne serait-ce que 5 % de leurs revenus, nous pourrions éradiquer la faim dans le monde, loger les sans-abri, offrir à nos enfants une éducation gratuite de la maternelle jusqu'à l'université, et dépolluer toute la planète.

Comme l'a si joliment dit un écrivain du nom de Charles Colton : "Si la charité universelle prévalait, la Terre serait un paradis, et l'Enfer une fable."

Il y a beaucoup de choses que nous pouvons faire. Commencez par ce qui est à votre portée, et faites tout votre possible. Vous serez payé en retour, de bien des façons différentes – y compris financièrement. Proclamez au monde que vous êtes une entreprise verte, que vous consacrez 5 % de vos bénéfices à des bonnes causes, et vous verrez de plus en plus de gens vous choisir comme partenaire simplement parce qu'ils sauront que leur argent sert à faire du bien dans le monde. C'est une simple question de bon sens entrepreneurial – et c'est le genre de pratiques dont nous aurons besoin à l'avenir pour survivre et prospérer. »

Un commentaire m'est venu à l'esprit, que je n'ai pas osé formuler à voix haute : *Bernie, vous êtes un visionnaire.*

Nous sommes arrivés à sa voiture – une Cadillac flambant neuve. Je me suis demandé s'il n'y avait pas une contradiction entre le discours écologiste de Bernie et son choix de véhicule. J'espérais que ce n'était pas le cas. Bernie méritait de conduire dans le confort et en toute sécurité. Il a ouvert sa portière, a paru hésiter, puis m'a lancé :

« Vous avez encore du temps pour une petite histoire ?

— Bien sûr.

— Alors, faisons un autre tour dans le quartier. Un peu d'exercice ne peut pas faire de mal.

— Il y a un petit parc juste là, Bernie, si vous voulez.

— Parfait, a-t-il acquiescé. Allons nous y promener. »

Nous avons passé la demi-heure suivante à bavarder de tout et de rien. Bernie admirait les arbres et les fleurs, qu'il était capable d'identifier pour la plupart. Il s'est arrêté un moment pour humer le parfum des roses devant une maison. Il m'a parlé des oiseaux qui nichaient sous les avant-toits, chez lui. Il leur arrivait, à sa femme et lui, de trouver des petits tombés du nid ; l'un d'eux les protégeait des chats pendant que l'autre allait chercher une échelle pour les remettre dans leur nid. Je voyais très bien Bernie grimper les échelons, dans son éternel costume marron, risquant ses vieux os pour protéger un oisillon à peine sorti de l'œuf. Et l'idée m'est venue qu'il faisait de même avec notre petite maison d'édition, elle aussi tout juste éclose.

Il a fini par en venir à son histoire.

« Je n'oublierai jamais l'un de mes premiers emplois, juste à la fin du lycée, a-t-il raconté. C'était dans une toute petite structure, qui marchait extrêmement bien. J'y effectuais des tâches subalternes ; un peu tout ce qui se présentait. Le patron gagnait beaucoup d'argent – quand je dis beaucoup, je parle d'une *fortune*. En revanche, il payait ses employés le moins possible, ne nous accordait aucun avantage, et il essayait toujours de tirer au maximum les prix de ses fournisseurs vers le bas. Dans son raisonnement, tout ce qu'il pouvait économiser sur les salaires de ses employés et les factures de ses fournisseurs tombait directement dans sa poche. Et il avait raison – à court terme. Il a effectivement amassé beaucoup d'argent – *pendant un temps*.

Mais, à plus long terme, c'était complètement idiot – il ne savait pas, il ne comprenait pas, que la qualité de vie a bien plus de valeur qu'un bon compte en banque, et lui-même avait une qualité de vie atroce. Il était en conflit permanent avec ses employés : ceux-ci partaient les uns après les autres voir si l'herbe était plus verte ailleurs. La rotation du personnel battait des records. Il ne payait pas d'indemnités de licenciement, évidemment, si bien que les mécontents se bornaient à tout plaquer et à claquer la porte quand il leur sortait par les yeux, laissant le chaos derrière eux.

Il était continuellement stressé par un départ ou un autre, qu'il devait pallier en urgence. Les crises succédaient aux crises, sans interruption. Il se battait en permanence avec ses fournisseurs, à qui il demandait toujours plus pour toujours moins cher. Il n'a jamais pu profiter de son argent – il était trop occupé à travailler –, et il a fini par mourir trop jeune d'une crise cardiaque au beau milieu d'une bataille juridique féroce. Autrement dit, à long terme, il a gagné beaucoup moins d'argent qu'il l'aurait pu, parce que le stress l'a tué à un âge où il aurait dû lui rester beaucoup de belles années à vivre.

Je l'ai méprisé à l'époque où je travaillais pour lui – tout le monde le méprisait. Aujourd'hui, je le plains. Il manquait de sagesse, de vision. J'ai énormément appris de tous les patrons pour qui j'ai travaillé, mais c'est de lui que j'ai appris le plus. Il m'a montré que la qualité de vie est bien plus importante que les sommes que nous pouvons gagner. Toutes les richesses du monde n'auraient pas valu le stress qu'il s'est lui-même imposé. Il est mort beaucoup trop jeune, seul et malheureux. Sa santé n'avait aucune valeur à ses yeux.

Il ne comprenait pas le principe de donner pour recevoir. Je suis convaincu qu'il existe un enfer d'un genre particulier – et qu'il se trouve ici même sur Terre – pour ceux qui comprennent assez bien les rouages de la réussite pour amasser des richesses, mais pas assez bien pour être capables de donner aux autres.

Telle a été son erreur fatale : il n'a pas su donner. Il n'a jamais soutenu personne. Pas même ses propres enfants, ni ses ex-femmes. Et encore moins ses employés. Il n'a jamais compris qu'une entreprise prospère, comme toute relation épanouie de manière plus générale, repose sur le *service aux autres*.

Je suis tout à fait d'accord avec Andrew Carnegie : je ne vois aucun intérêt à emmagasiner des fortunes – l'argent finit par devenir source de corruption et par affaiblir les générations futures. Il vaut tellement mieux donner ! Distribuez votre argent, bon sang !

Je trouve malsain que tant de personnes riches restent assises sur des dizaines, des centaines de millions – des milliards. Songez à tout le bien qu'elles pourraient faire avec cet argent ! Songez au nombre de sans-abri qu'elles pourraient loger et nourrir, ou à l'aide qu'elles pourraient offrir à la vie locale près de chez eux. Songez au soutien qu'elles pourraient représenter pour le formidable travail des ONG à travers le monde. Songez à l'impact positif qu'elles pourraient avoir sur l'environnement !

De combien d'argent a-t-on vraiment besoin ? C'est une bonne question. Un million ? Dix ? Cinquante ? Très bien. Donnez le reste – gardez-en pour votre famille, bien sûr, aidez-les à s'offrir la vie de leurs rêves. Mais donnez le reste ! Faites circuler cette richesse.

Les entrepreneurs particuliers ont une action très positive dans le monde, mais ils pourraient faire tellement plus encore. Prenez l'exemple de ce type qui permet à mille gamins des quartiers défavorisés de suivre des études à l'université, et qui a reconstruit leur club des jeunes ! Avez-vous entendu parler de lui ? »

J'ai acquiescé d'un signe de tête ; je venais de lire un article à son sujet.

« Voyez tout le bien qu'il fait avec son argent ! Si on parvenait à encourager plus de particuliers à agir comme lui, on pourrait résoudre tous les problèmes de la planète.

Ted Turner a eu une réflexion extrêmement pertinente à ce sujet : à ses yeux, la liste des quatre cents plus grandes fortunes dans le monde délivrée chaque année par le magazine *Forbes* est bien trop admirée. D'après lui, pour y figurer ou vouloir y figurer, il faut avoir un esprit de compétition exacerbé et garder pour soi ses richesses. Il vaudrait bien mieux, dit-il, concentrer cet esprit de compétition sur la liste des personnalités qui donnent le plus chaque année – sur les plus gros donateurs de la planète. Voilà qui serait nettement plus profitable pour tous à l'échelle mondiale. »

Je me suis mis à rire. L'enthousiasme de Bernie faisait plaisir à voir.

« Commencez par vos propres employés. Prenez soin d'eux. Puis trouvez quelques bonnes causes à soutenir, localement et à l'échelle mondiale. En définitive, c'est dans votre propre intérêt.

On a tous à cœur de soigner nos propres intérêts – c'est tout naturel. Chacun d'entre nous possède des atouts qui lui sont propres, et chacun d'entre nous a une contribution unique à apporter au monde. Il est absolument indispensable de garder en tête ses propres intérêts pour pouvoir accomplir son potentiel, sa raison d'être dans l'existence.

Mais il ne faut pas être grand clerc pour comprendre qu'on ne peut atteindre ses objectifs qu'en servant les autres du mieux qu'on le peut, et en les aidant à atteindre *leurs* objectifs. C'est un système fabuleux : je vous gratte le dos, vous me grattez le mien. Je n'y arrive pas très bien tout seul ; c'est bien plus agréable si quelqu'un le fait pour moi – et c'est réjouissant de procurer à quelqu'un d'autre le même plaisir.

Ce vieux patron dont je vous ai parlé ignorait sans doute à quel point il était bon professeur. Il m'a beaucoup appris malgré lui. Il m'a montré comment il ne fallait surtout pas diriger une entreprise, ce qui n'est pas négligeable. Il m'a inculqué la valeur des priorités. L'argent n'est pas l'étalon suprême de la valeur d'une personne. D'autres critères comptent bien davantage : le genre de vie qu'on mène, la façon dont on traite les autres, l'amour et la compassion qu'on leur témoigne, la contribution qu'on peut apporter à leur bien-être et à l'équilibre de la planète. Voilà ce qui importe vraiment dans la vie. Voilà à quoi se mesure la valeur d'un individu.

Dans les affaires comme dans la vie, les mots les plus importants à retenir et à s'efforcer de mettre en pratique sont "amour", "compassion", "tolérance" et "générosité" – envers soi-même et envers les autres. N'oubliez jamais d'aimer et de servir les autres autant que vous-même. Laissez ces mots vous guider, et vous ne vous tromperez jamais de chemin. »

Nous avons regagné sa voiture en silence ; ces paroles invitaient à la réflexion.

RÉSUMÉ

- En tant que patron, vous avez une responsabilité vis-à-vis de vos employés, de la vie locale et de l'environnement.
- À long terme, prendre soin de vos employés, soutenir la vie locale et contribuer à réparer l'environnement est bon pour les affaires, donc pour votre résultat net. Si vous n'êtes pas capable de mener une affaire sans exploiter des gens ou polluer la planète, c'est que vous n'êtes pas à votre place. Ou alors, c'est qu'il vous faut réinventer votre modèle économique. Souvenez-vous de la triple performance : rentabilité, responsabilité sociale, respect de l'environnement. Et n'oubliez pas qu'à long terme, les gens et la planète comptent bien plus que les profits.
- Donnez un pourcentage généreux de vos bénéfices à des organismes qui œuvrent à rendre le monde meilleur. Vous serez payé en retour, à plus d'un titre.
- Notre qualité de vie a beaucoup plus d'importance que les richesses que nous engrangeons. Il vaut bien mieux les distribuer ! Les grandes sociétés et les patrons d'entreprises privées pourraient faire beaucoup plus pour aider les populations et réparer l'environnement.
- Une entreprise florissante, comme toute relation épanouie de manière plus générale, repose sur le service aux autres. On ne peut atteindre ses

objectifs qu'en servant les autres du mieux qu'on le peut, et en les aidant à atteindre leurs objectifs.

- L'argent n'est pas l'étalon suprême de la valeur d'une personne. D'autres critères comptent bien davantage : le genre de vie qu'on mène, la façon dont on traite les autres, l'amour et la compassion qu'on témoigne à autrui, à la vie locale et à l'environnement, la contribution qu'on apporte au bien-être des autres et de la planète.
- Les mots les plus importants à retenir et à s'efforcer de mettre en pratique, dans les affaires comme dans la vie, sont « amour », « compassion », « tolérance » et « générosité » – envers soi-même et envers les autres. Aimez et servez les autres autant que vous-même – laissez ces mots vous guider, et vous ne prendrez jamais le mauvais chemin.

CLÉ N°8

« Prenez goût au changement, apprenez à danser et oubliez J. Edgar Hoover »

Plusieurs mois ont passé à la vitesse de l'éclair. Les jours semblaient filer beaucoup plus vite à présent que je travaillais à plein temps pour mon propre compte. Il n'était pas rare que j'aie un sursaut en voyant l'heure tardive à l'horloge. Parfois, je me surprenais à penser, paniqué, qu'il n'y avait tout simplement pas assez d'heures dans une journée – pas assez de temps pour régler tous les petits riens qui se bousculaient. Dans ces moments-là, je songeais à Bernie, qui paraissait toujours si détendu et trouvait toujours le temps pour une ou deux anecdotes. D'une certaine façon, cette pensée me rassérénait : il suffisait que je fasse mon maximum chaque jour ; le reste pouvait attendre le lendemain.

Nous n'avons pas eu de nouvelles de Bernie pendant plusieurs mois. Puis, un matin, notre nouvelle réceptionniste m'a fait sonner dans mon bureau sur notre tout nouveau réseau téléphonique interne.

« Quelqu'un du nom de Burtie, ou quelque chose comme ça, demande à vous parler.

— Burtie ? Est-ce qu'il n'aurait pas dit Bernie, plutôt ?

— Euh... Peut-être. Je n'ai pas bien entendu. »

C'était bien lui, évidemment.

« Nouvelle réceptionniste ? m'a-t-il demandé.

— Oui, enfin, elle est là depuis plusieurs mois, mais... il y a beaucoup à apprendre.

— Vous savez, la personne qui s'occupe de la réception doit être bien informée. C'est un poste essentiel, car c'est elle qui représente le premier contact avec l'entreprise. Je ne dis pas que votre réceptionniste aurait dû savoir qui je suis – mais assurez-vous qu'elle connaisse vos grandes figures, et qu'elle soit au courant de ce qui se passe dans l'entreprise d'une manière générale. »

J'ai trouvé Bernie indulgent – la réceptionniste aurait dû savoir qui se tenait devant elle, nous le savions tous les deux. J'ai noté à part moi qu'il fallait que je passe un moment avec elle pour lui faire un topo de toutes les personnes avec qui nous avions des contacts réguliers.

« Que diriez-vous de me retrouver autour d'un déjeuner ou autre, cette semaine ? m'a-t-il demandé. Ça fait plus de six mois déjà – avez-vous un rapport pour moi ?

— Bien sûr », ai-je affirmé, en mentant un peu.

J'en aurai un à lui présenter d'ici à notre rendez-vous, me suis-je promis.

Je suis monté à la chambre d'hôtel de Bernie et l'ai trouvé assis, comme à son habitude, dans la galerie qui surplombait la réception. Il ne faisait rien de particulier, apparemment, si ce n'est regarder le spectacle en contrebas. Les gens allaient et venaient tandis que, tels des dieux dans un passé mythique, nous trônions dans nos fauteuils, les yeux posés sur l'humanité depuis nos hauteurs célestes. Bernie s'est confortablement installé pour siroter son café.

Je lui ai remis notre rapport, qu'il a parcouru des yeux pendant quelques minutes. Nous n'avions pas atteint les chiffres de ventes espérés, mais nous nous en approchions. En outre, des frais inattendus s'étaient imposés, comme le besoin d'un nouveau système de téléphonie interne. Je me félicitais d'avoir prévu 15 % de fonds supplémentaires pour les imprévus, comme Bernie nous l'avait conseillé. Sans cette précaution, nous aurions été dans l'embarras.

« Voilà un bon rapport, a commenté Bernie. Vous appliquez la fameuse règle, *plan your work and work your plan*. Continuez à faire évoluer votre projet – ne tombez pas dans la complaisance. Votre navire doit avoir un cap. »

J'ai avoué à Bernie que notre maison d'édition ne m'apparaissait pas du tout comme un navire – elle me donnait plutôt l'impression d'être une vieille péniche encombrante immobilisée à quai, et qui n'allait nulle part. Je nous voyais comme des petits remorqueurs qui la tiraient et la tractaient tant qu'ils pouvaient, sans le moindre effet.

« Intéressant, a dit Bernie. Ces images presque tangibles qui nous viennent ont une grande importance, une grande puissance, car elles émanent directement de notre subconscient et reflètent la représentation que nous nous faisons de notre entreprise. Vous pensez que la vôtre est *coincée*. Vous devez changer cette image.

Vous voyez une péniche, soit. Dans ce cas, imaginez-la se mettre en mouvement, lentement peut-être au départ, mais sûrement. Puis regardez-la prendre de la vitesse, avancer par elle-même, si bien que vous n'avez plus besoin de vos petits remorqueurs. Regardez-la fendre les flots, maintenant, et vous emporter avec elle, vous soutenir totalement. Imaginez-vous en train de savourer un voyage enivrant !

Je vous le dis : dès que vous réussirez à modifier la représentation mentale que vous vous faites de votre entreprise – la façon dont vous la visualisez –, votre entreprise changera. Votre *vie* elle-même changera. »

Ses mots m'ont fait penser à une citation de Henry Ford que j'avais entendue quelque part : « Que vous vous croyiez capable ou incapable d'accomplir une chose, dans les deux cas vous avez raison. »

Le sempiternel sandwich de pain blanc au jambon de Bernie est arrivé.

« Ah ! Merci infiniment ! Ça m'a l'air *succulent*. Mes compliments au chef. »

Bernie n'était-il pas en train de flirter avec la serveuse du room service ? Il l'a regardée s'éloigner, un sourire appréciateur aux lèvres.

« J'ai entendu une histoire fascinante à la radio l'autre jour, a-t-il déclaré. Il était question du PDG de Pepsico – je n'ai pas retenu son nom, mais je sais qu'il ne m'était pas inconnu. Bref, depuis cinq ans qu'il est à la manœuvre, les bénéfices ont augmenté de 30 % par an, chaque année.

D'après lui, cette réussite est due à l'observation de trois règles, faciles à retenir et très créatives : prenez goût au changement, apprenez à danser et oubliez J. Edgar Hoover. »

J'ai dû lui adresser un regard perplexe.

« La première règle est évidente : *apprenez à accepter le changement, et même à l'apprécier.* Le changement est l'essence même de la vie. On peut apprendre à l'embrasser, ou bien tenter de résister à l'inévitable. Les entreprises sont comme les êtres humains : elles changent continuellement. Le monde aussi. Les technologies évoluent. Les goûts évoluent. Les besoins, les désirs, évoluent. Certaines entreprises ont assez de vision pour utiliser cet état de fait à leur avantage ; d'autres, non. Et ces dernières ne survivent pas très longtemps.

Il y a cent ans, le commerce des fouets d'attelage était florissant. Mais les temps changent. Ceux qui croyaient être dans le commerce des fouets d'attelage ont vu leur activité disparaître. Ceux qui se sont rendu compte qu'ils étaient dans le commerce d'accessoires de voyage se portent encore à merveille, et vendent désormais des sièges en cuir, des systèmes audio et que sais-je encore.

La deuxième règle est *d'apprendre à danser*. Dansez avec tous vos interlocuteurs professionnels : clients, distributeurs, fournisseurs, tout le monde. Cette idée me plaît. Plus nous apprenons à danser avec talent et souplesse, en offrant à nos partenaires la meilleure qualité de services et de produits pour répondre à leurs besoins, plus il est facile d'atteindre nos objectifs. Nos relations professionnelles devraient être une danse, et non une lutte. Une danse exécutée avec aisance et légèreté, plutôt que dans le stress et la contrainte. Il faudrait pouvoir travailler de façon créative avec tous, de sorte que tout le monde y trouve son compte. Chercher des solutions qui profitent à tous. Bref, danser ensemble ! C'est une très belle façon de présenter les choses. »

Je me suis rendu compte que Bernie lui-même faisait tout avec légèreté et sans effort. Travailler avec lui ressemblait effectivement à une danse – ou plutôt à un jeu auquel il prenait beaucoup de plaisir. L'idée m'est venue que la véritable maîtrise – qu'il s'agisse de jouer d'un instrument de musique ou de diriger une entreprise – consistait à agir avec grâce et sans effort. En tout cas, c'est ainsi, indéniablement, que Bernie y était parvenu – n'est-ce pas un but merveilleux pour nous tous ?

« Vous vous souvenez de la troisième règle ?

— Quelque chose à propos de J. Edgar Hoover... ai-je avancé, sans pouvoir être plus précis.

— *Oubliez J. Edgar Hoover.* Savez-vous ce que ça veut dire ?

— Pas vraiment – il doit y avoir un rapport avec le secret ou la paranoïa, qu'il vaut mieux éviter ?

— J. Edgar Hoover était connu – tristement – pour exercer un contrôle absolu sur les agissements de ses subordonnés. Sa façon de diriger ses équipes était totalement dictatoriale. Tout venait d'en haut ; la direction dictait sa conduite à chaque agent. Du moins est-ce la réputation qu'il a toujours eue.

L'oublier signifie laisser aux employés la responsabilité d'exercer leur métier comme ils l'entendent. Hoover aurait détesté ce style de management non interventionniste. Recrutez des personnes compétentes, définissez clairement leurs responsabilités, puis laissez-les travailler à leur manière. Après tout, ce sont eux qui sont au front chaque jour. Choisissez des personnes responsables et laissez-les faire leur travail comme bon leur semble. Comme je le répète très souvent, il faut traiter les employés en adultes pour qu'ils agissent en adultes. Si on les traite comme des enfants, ils agiront comme des enfants. »

Il a pris une longue gorgée de café, l'air songeur, puis a repris :

« Au lieu d'un management du haut vers le bas, il faudrait un management du bas vers le haut. Certes, il faut quelqu'un tout en haut, une personne qui soit responsable de la réussite de l'ensemble, de la vision, de la visée à long terme de l'entreprise, et du business plan qui traduit cette visée à long terme en déterminant les prochaines étapes à franchir. Mais les personnes qui font le boulot devraient être entièrement responsables de la façon dont elles le font. Ce devrait être à elles de dire au président comment elles peuvent le faire au mieux, et non l'inverse.

Combien d'employeurs ai-je entendu se plaindre de la difficulté de recruter des personnes compétentes ! Je vais vous dire : cela en dit plus long sur ces recruteurs que sur le monde en général. Pour ma part, je n'ai jamais eu de mal à trouver des personnes compétentes. Jamais. Ni à les garder. Le monde en est rempli, pour peu qu'on les traite avec respect, en adultes. Si vous partez du principe que vos employés sont des personnes responsables, ils agiront en personnes responsables. Si vous leur proposez des défis, ils les relèveront. Il y a des exceptions, bien sûr, mais la grande majorité des individus que j'ai embauchés s'en sont admirablement sortis.

Il n'y a qu'une règle, très simple, que j'observe quand je cherche à recruter : je choisis quelqu'un de *passionné* pour le poste à pourvoir. Il existe quantité de personnalités différentes dans le monde, et quantité de métiers différents. Certaines tâches sont répétitives, ou exigent de la minutie et une bonne organisation. Beaucoup de gens affectionnent ce genre de boulot – mais il y en a que ça rend fous.

Je connais une femme d'une grande finesse, Nancy Anderson, qui a écrit un livre intitulé *Work With Passion* ; elle y décrit trois types de personnalités – les techniciens, les managers et les entrepreneurs. Les techniciens aiment le travail minutieux. Ils apprécient le terrain, l'aspect pratique des choses. La satisfaction d'un projet mené à son terme leur plaît. Trop souvent, ils sont tellement efficaces qu'on les promeut à des postes de management, or beaucoup d'entre eux ne sont pas faits pour ça. Ils n'aiment pas forcément avoir à gérer des équipes ; ils préfèrent accomplir le travail eux-mêmes.

Un bon manager est quelqu'un qui sait travailler avec les autres. Il aime les réunions de groupe où l'on recherche des solutions, où l'on échange des idées. Il apprécie le travail d'équipe.

Les entrepreneurs, quant à eux, s'épanouissent dans la prise de risques, dans la nouveauté, dans l'élaboration de nouveaux projets.

Ce sont trois types d'énergie extrêmement différents – et on a besoin des trois, dans toutes les organisations, quelle que soit leur taille.

À vrai dire, beaucoup de gens correspondent à plus d'un profil. Pour ma part, j'ai un peu les trois : certaines tâches minutieuses me plaisent, j'aime diriger des équipes et j'adore mettre en place de nouveaux projets. Vous aussi, je parie. Mais l'un de ces types de tâche vous rend sans doute plus heureux que les autres.

La *vraie réussite* consiste à faire ce que vous aimez, tout le temps, vous n'êtes pas d'accord ? Du moins, c'est ma façon de voir les choses. Avoir le temps, la liberté et les moyens de faire ce qui vous plaît, à chaque moment de la journée. Travailler quand vous en avez envie. Musarder quand vous en avez envie. Prendre plaisir à ce que vous faites, chaque jour – c'est ça, la réussite.

Tenez, voici un bon test : pour savoir si un individu est plutôt manager ou entrepreneur, jetez donc un coup d'œil dans son garage. Le garage d'un manager sera impeccable, avec les contours des outils dessinés sur le mur pour indiquer la place de chacun, tandis que le garage d'un entrepreneur sera un fouillis sans nom, rempli de projets à moitié terminés ou à peine commencés. »

Je n'ai pas pu m'empêcher d'éclater de rire ; à en croire ce test, j'étais indéniablement un entrepreneur !

« Je caricature, évidemment. Mais l'idée est pertinente : pour un poste de technicien, recrutez un technicien ; pour un poste de manager, recrutez un manager. Et ne recrutez jamais un entrepreneur, car il ne sera jamais heureux de travailler pour vous, à moins que vous ayez un projet vraiment créatif à lui confier, idéalement avec un gain de capitaux propres à la clé – ou du moins un certain nombre de parts dans l'entreprise. »

Bernie a baissé les yeux sur son sandwich au jambon.

« Ils ont dû changer de chef. Ce n'est pas la même recette que la semaine dernière. Hum... »

Il a examiné le sandwich avec soin, l'a ouvert pour regarder à l'intérieur.

« Vous voyez, ça me donne l'occasion d'aborder un autre principe essentiel : la *cohérence*. Dans ce monde en perpétuelle mutation, les gens veulent autant que possible de la cohérence. Les hamburgers de McDonald's sont mauvais, mais ce sont strictement les mêmes mauvais hamburgers à travers tous les États-Unis – peut-être même partout dans le monde, je ne sais pas. Je n'ai jamais mangé dans un McDonald's en Russie ou en Chine. En tout cas, où qu'on aille aux États-Unis, on retrouve exactement les mêmes hamburgers. C'est à cela qu'on a fini par s'attendre. Regardez l'erreur monumentale qu'a commise Coca-Cola en trafiquant sa formule. La marque s'en est finalement remise grâce à son "Classic Coke", mais cette bourde lui a coûté une fortune. Elle avait oublié le principe de *cohérence*.

Astreignez-vous autant que possible à la cohérence avec l'ensemble de vos partenaires. Efforcez-vous de créer les meilleurs produits, d'offrir les meilleurs services – puis d'être, autant que possible, fidèle à vous-même. Voilà votre nouveau défi. »

Je n'ai pu qu'acquiescer.

RÉSUMÉ

- *Prenez goût au changement* – ou, du moins, apprenez à l'accepter. Le monde est en perpétuelle mutation. Seuls ceux qui ont assez de vision pour utiliser ce changement à leur avantage survivent et prospèrent.
- *Apprenez à danser*. Vos relations de travail devraient être une danse, et non une lutte. Apprenez à danser avec les autres, avec talent et souplesse, avec

aisance et légèreté. Instaurez une situation où tout le monde est gagnant : apportez à chacun ce qu'il souhaite avec le meilleur service possible, et vous atteindrez vos objectifs.

- *Oubliez J. Edgar Hoover.* Le management descendant, totalitaire, où l'on dicte sa conduite à chacun, est inefficace et source de graves erreurs, en plus de saper le moral des employés. Recrutez des personnes compétentes, définissez clairement leurs responsabilités, puis laissez-les travailler à leur manière. Traitez-les en adultes responsables, et ils se comporteront comme tels.
- Embauchez des personnes passionnées par leur travail et qui ont la personnalité adéquate pour le faire : choisissez un technicien pour un poste de technicien, un manager pour un poste de manager.
- Dans un monde en constante évolution, les gens veulent autant que possible de la cohérence. Efforcez-vous de créer les meilleurs produits, d'offrir les meilleurs services – puis d'être, autant que possible, fidèle à vous-même. C'est l'une des clés de la réussite.

CLÉ N°9

Comprenez l'origine de vos croyances fondamentales en repassant le fil des événements qui ont façonné votre vie

Nous commencions à progresser, quoiqu'à une allure encore poussive. Nous n'avions pas atteint nos objectifs, mais enfin, tout de même, nous avancions un peu. La lourde péniche à laquelle j'avais assimilé l'entreprise avait enfin quitté le quai, tout au moins dans mon imagination, même si elle devait encore lutter contre des vagues, des vents contraires et autres obstacles.

Un mois environ a passé, très vite, avant que je reçoive des nouvelles de Bernie. Il m'a appelé pour m'inviter à déjeuner chez lui. Je ne me suis pas fait prier – j'étais curieux de voir l'endroit où il vivait. Il habitait à l'extérieur de la ville, dans une très jolie zone vallonnée. J'ai donc pris ma voiture un vendredi, par une belle journée d'automne. L'air, limpide, était chargé du riche parfum boisé typique de cette saison.

En chemin, je me suis surpris à penser que je devrais sortir du bureau plus souvent. M'échapper de temps en temps, pour prendre un peu de recul, me ferait du bien.

Les indications pour se rendre chez Bernie étaient un peu compliquées ; il vivait très à l'écart de la route principale. Après avoir tourné quelque peu, j'ai fini par trouver son portail, qui était ouvert. Une longue allée grimpait entre les arbres à flanc de colline avant de former un arc de cercle devant sa maison, une belle bâtisse de plain-pied nichée dans les pins.

Bernie est venu m'accueillir sur le pas de sa porte en survêtement et mocassins. Ses cheveux étaient impeccablement peignés en arrière, comme toujours. Malgré sa tenue décontractée, il parvenait à avoir belle allure. Nous nous sommes promenés d'une pièce à l'autre ; il m'a fait faire une visite complète, en s'arrêtant pour m'expliquer d'où venait tel meuble ou telle œuvre d'art.

Chaque pièce répondait à un thème : le séjour était une ode au désert du sud-ouest des États-Unis ; il était rempli d'œuvres d'art premiers des Amériques du Nord et du Sud, auxquelles se mêlaient les tableaux originaux de son épouse. Le salon, attenant à la salle à manger, était consacré à l'Asie : paravents ornés de motifs floraux exotiques, peintures sur soie d'Inde et du Tibet. À ma grande surprise, il y avait aussi une salle de yoga et de méditation, meublée avec parcimonie de quelques coussins, d'une chaîne hi-fi et d'un Bouddha assis qui irradiait la paix et la sérénité.

Derrière la maison se trouvait une piscine équipée d'un jacuzzi. L'ensemble avait été construit au sommet d'une petite éminence ; la vue était splendide. Une dépendance s'élevait sur la gauche, une autre, en parfaite symétrie, sur la droite. Celle de gauche, réservée aux visiteurs, était décorée dans le plus pur style traditionnel américain – on aurait dit une ferme du siècle dernier ; tout y était, jusqu'à la pompe à eau manuelle au bord de l'évier. Le bâtiment de droite était entièrement occupé par un atelier d'artiste, ouvert sur le paysage par de vastes fenêtres qui en faisaient tout le tour.

La femme de Bernie s'y trouvait. Elle s'appelait Lucia, un prénom qui lui allait à merveille : elle était radieuse, toute de rire et de lumière. Elle travaillait à un tableau vibrant de couleurs qui évoquait l'Amérique du Sud, d'où elle était originaire. Un foulard retenait en arrière son épaisse chevelure – non, c'était plus qu'un simple foulard : des gemmes y brillaient.

Elle s'est montrée enchantée de notre rencontre. Quel bonheur pour Bernie, me suis-je dit, d'avoir trouvé une telle femme pour partager sa vie – et pour elle d'avoir trouvé un tel homme ! Il était évident qu'une profonde affection les unissait.

Lucia s'est remise à peindre. Bernie et moi sommes retournés à la cuisine, où nous attendaient, posés sur un grand plateau tournant, deux plats bien garnis. L'un d'eux présentait un assortiment de charcuteries, de fromages, d'avocats émincés et de crackers, et l'autre débordait de grappes de raisin, de clémentines, de papayes et de mangues. Bernie avait également préparé un délicieux café.

Après le festin, nous sommes allés prendre le café dans le séjour, assis devant la baie vitrée. Les collines plantées de pins se déployaient à perte de vue, prenant une teinte de plus en plus irisée dans le lointain. C'était une vue à couper le souffle, digne d'un maître du romantisme. Toute l'architecture avait dû être pensée pour mettre en valeur ce panorama, j'en étais convaincu.

Nous avons admiré le paysage en silence. Nous avions déjeuné tard, en prenant notre temps ; le soleil déclinait déjà vers l'ouest.

« Je reste assis des heures à regarder par cette fenêtre, a murmuré Bernie. C'est une bonne façon de méditer. »

Plusieurs minutes se sont écoulées sans que nous ajoutions un mot. Je comprenais parfaitement ce que Bernie voulait dire. Je me sentais en paix, empli du simple bonheur d'être assis là, dans le confort et le silence, à contempler les jeux de lumière dans les nuages et sur les collines plantées d'arbres.

C'est Bernie qui, finalement, a rompu le silence à mi-voix :

« Il est bon de méditer d'une façon ou d'une autre. Assis ou en marchant, en faisant du camping ou en s'allongeant sur le dos, peu importe comment, au fond. Tout peut convenir, pourvu que vous trouviez un endroit où rester au calme un moment, loin des médias, loin des écrans. La méditation offre de nombreux avantages. En fait, elle apporte d'innombrables bienfaits tant physiques que psychologiques, émotionnels et spirituels.

L'un des plus grands bienfaits de la méditation est de vous mettre à l'écoute de la petite voix calme à l'intérieur de vous, celle de votre intuition. Nous avons tous plusieurs voix intérieures ; celle de votre intuition est facile à identifier, car elle est tranquille, claire et assurée en toutes circonstances – en plus d'être toujours positive et encourageante. Notre intuition sait toujours exactement de quoi nous avons besoin sur l'instant. Regardez en vous, et vous trouverez la réponse que vous cherchez. »

Il a insisté calmement sur ces derniers mots.

« Pour réussir dans la vie, il faut être intuitif – il faut apprendre à écouter son intuition et à s'y fier. Il n'est pas indispensable de méditer pour y parvenir ; il s'agit de suivre son instinct, ni plus, ni moins. De se fier à son système de guidage interne. Nous en sommes tous équipés.

Inutile d'avoir une maîtrise en gestion, de suivre des cours de comptabilité, de multiplier les conseils de consultants. Inutile de chercher à copier d'autres modèles prospères. Il vous suffit d'écouter votre cœur – il vous guidera, pas à pas, pour vous permettre d'atteindre vos objectifs. La prochaine étape à franchir vous apparaîtra toujours clairement, puis celle d'après, et ainsi de suite – tout sera évident. »

Plusieurs minutes se sont encore écoulées dans le silence. Il régnait dans le séjour un calme de temple. Je n'avais pas le souvenir de m'être déjà trouvé dans un lieu de silence absolu ; j'ai soudain pris conscience de mes pensées, qui se succédaient sans interruption, comme si une radio était allumée quelque part. Je me suis rendu compte que je n'avais jamais vraiment médité. Et je me suis senti honoré de la chance qui m'était donnée d'être assis là, dans ce havre de tranquillité que Bernie et Lucia avaient créé au sein de leur foyer.

Bernie a fini par reprendre la parole d'une voix douce :

« J'ai pensé à quelque chose, aujourd'hui, quelque chose qui nous affecte beaucoup et dont, pourtant, on parle peu. J'ai pensé aux grands évènements et aux personnalités influentes qui façonnent notre existence, et à l'importance d'y réfléchir, de temps à autre, pour tenter de déceler les croyances profondes, latentes, que ces évènements et ces personnalités nous ont amenés à adopter. »

Je me suis arraché à ma contemplation pour regarder Bernie. Il était confortablement installé dans son fauteuil, ses mains formant comme un petit temple devant sa poitrine, comme s'il était en train de prier.

« Chaque entreprise reflète la conscience de son directeur ou de son PDG. C'est un fait. Et cependant, rares sont les patrons – ou qui que ce soit d'autre, d'ailleurs – qui saisissent l'importance de faire l'examen de leur vie, de réfléchir à la façon dont fonctionne leur esprit, afin non seulement de mener une vie meilleure, mais aussi d'assurer une meilleure réussite à leur entreprise.

Si vous saviez le nombre de personnes qui se sabordent, inutilement, parce qu'elles ne mettent pas en question leurs croyances fondamentales sur le fonctionnement du monde. J'avais un mentor, il y a bien des années. Il était brillant ; il m'a beaucoup appris. Pourtant, lui-même nourrissait des croyances terriblement négatives, qui affectaient sa vie aussi bien personnelle que professionnelle.

Il croyait que la création d'une entreprise devait être une lutte – et donc, comme de juste, son quotidien professionnel était une lutte permanente. Il croyait qu'il fallait travailler dur, au péril de sa propre santé – et donc, comme de juste, il avait une santé déplorable, surtout dans les dernières années de sa vie. Il croyait aussi que le temps manquait pour tout faire, si bien qu'il ne prenait jamais le temps de savourer l'existence, de partir en vacances, d'apprendre à connaître sa famille, de cultiver d'autres centres d'intérêt.

Ce qui est curieux, à propos de nos croyances – enfin, moi, je trouve ça curieux, et même complètement aberrant –, c'est qu'aucune d'entre elles n'est vraie dans l'absolu ; il existe évidemment une multitude de gens dont les croyances diffèrent radicalement des nôtres. Et cependant, pour peu que nous y accordions foi, nos croyances se réalisent d'elles-mêmes ! *Toutes nos croyances fondamentales sont autoréalisatrices.*

Il est impossible de réussir dans les affaires sans croire – dur comme fer – qu'on est capable de mettre sur pied une entreprise prospère. Il est impossible de vivre dans l'abondance sans être convaincu qu'on le mérite, et qu'on est capable de gérer ses finances avec sagesse.

Mon mentor était comme beaucoup de gens qui ont réussi : il croyait savoir comment assurer le succès d'une entreprise, mais il croyait aussi tout un tas d'inepties qui nuisaient à sa qualité de vie. Je regrette de ne pas avoir su à l'époque ce que je sais aujourd'hui – car, alors, je lui aurais dit tout ce que je suis en train de vous dire. Il ne m'aurait pas écouté, bien sûr. Ses croyances étaient trop profondément ancrées en lui ; il n'était pas ouvert au changement. Il n'aurait même pas songé à examiner ses croyances pour tenter de comprendre comment elles affectaient sa vie. Or, une vie sans examen ne vaut pas d'être vécue. »

J'avais déjà entendu cette idée avant, mais la façon dont Bernie la présentait lui donnait un tout autre sens.

« C'est Socrate qui s'exprimait ainsi. Je ne pense pas qu'il l'entendait comme un jugement personnel, comme une façon d'affirmer que les personnes qui ne réfléchissent pas à leur façon de vivre mènent des existences inutiles. Ce qu'il voulait plutôt dire, à mon sens, c'est qu'en faisant l'impasse sur l'examen de notre vie, nous nous créons une existence infiniment inférieure à celle que nous aurions pu connaître, au point qu'il aurait peut-être mieux valu ne pas vivre du tout. Nous sommes ici pour grandir, pour apprendre, pour construire une vie toujours meilleure pour nous-mêmes et pour les autres – et, si nous ne tenons pas cette promesse, nous nous sentirons à jamais insatisfaits. »

Bernie a marqué une pause.

« Il est très important – capital, même, dans certains cas – de prendre un peu de temps pour faire l'examen de notre vie. La première des choses à faire est de regarder notre passé – le plus honnêtement possible – et de nous remémorer les personnes, les évènements et les influences qui ont façonné notre existence.

La vie de chacun de nous comporte une multitude de facteurs qui ont déterminé notre façon de bouger et de parler, de penser et de percevoir le monde. Nous avons tous connu des évènements et des personnes qui ont forgé nos croyances fondamentales sur le monde, sur nous-mêmes et sur la nature de la réalité.

Certaines personnes ont dû endurer de nombreuses épreuves douloureuses, telles que des abus ou d'autres formes de violence. Certains évènements fondateurs résultent d'expériences douloureuses ; d'autres, d'expériences extrêmement positives ; d'autres encore, des moments les plus simples ; d'un petit mot de la bonne personne au bon moment – ou de la mauvaise personne au mauvais moment –, que nous portons en nous depuis lors.

Certains de ces évènements fondateurs ont pu conduire à des croyances éminemment positives – ceux-là méritent qu'on s'en souvienne, et ces croyances-là méritent qu'on les encourage et qu'on les entretienne. Nous rencontrons presque tous, au cours de notre vie, une personne qui décèle notre potentiel et nous soutient d'une façon ou d'une autre. Même les mômes les moins bien lotis dans l'existence ont généralement quelqu'un qui les inspire d'une façon ou d'une autre - un enseignant, un parent, un proche, quelqu'un. À défaut, ils découvrent une source d'inspiration quelque part en eux-mêmes.

Voici une chose dont je suis convaincu : nous sommes tous des génies créatifs, chacun à notre façon. Chacun naît avec un don à offrir au monde. De nombreuses personnes ont du mal à identifier le leur, car il est trop naturel à leurs yeux. Et cependant, au fond de nous, nous le savons intuitivement : nous avons un don extraordinaire à partager avec les autres.

Nous en avons tous déjà eu des aperçus, à un moment ou à un autre au cours de notre vie, et nous avons tous rencontré des forces contraires qui ont cherché à écraser notre génie, que ce soit par le doute, le cynisme ou toute autre croyance limitante ou négative.

Il faut pouvoir réfléchir à tout cela de temps en temps. Nous avons besoin d'examiner ces moments fondateurs qui ont eu sur nous un effet néfaste, de mettre au jour les croyances fondamentales négatives - ou limitantes - qu'ils nous ont amenés à concevoir.

Lorsqu'on a identifié et clairement exprimé ces croyances, on peut les abandonner. Parce qu'elles ne sont pas vraies - elles sont simplement des idées autoréalisatrices, qui deviennent vraies si l'on y accorde foi. C'est ce qui s'appelle devenir *conscient* - prendre conscience des forces qui nous gouvernent, et apprendre comment agir sur ces forces. Quand on y parvient, on apprend à façonner son destin, à devenir puissant et à obtenir ce qu'on désire dans la vie.

C'est pour cette raison qu'il est si précieux d'écrire une autobiographie – tout le monde devrait le faire, à mon sens. Ou tout au moins réfléchir aux moments qui ont forgé nos croyances fondamentales, tout au moins décrire et se remémorer les moments fondateurs de notre existence.

Je le répète : nous sommes tous des génies créatifs. Tous les enfants le savent ! Mais nous grandissons, et nous emmagasinons tout un tas d'âneries qui nous conduisent à ne plus croire en nous-mêmes. Il est essentiel de regarder en face ces âneries, et de les jeter aux ordures.

C'était Emerson, je crois, qui a dit qu'on ne nous aurait pas donné le désir si nous n'avions pas été en mesure de le combler. Tout est à votre portée – tout ce que désire votre cœur. Il n'y a pas de limites à ce que vous pouvez accomplir – *à condition d'y croire véritablement*. Ce que vous croyez vrai se réalise dans votre propre expérience. Donc, faites l'examen de vos croyances, et ne retenez que celles qui vous rendent plus fort. »

Bernie parlait avec une autorité tranquille. Ses propos m'inspiraient. J'espérais ne pas les oublier.

« Croyez assez fort en vous-même pour être convaincu de ceci : si vous vous concentrez assez souvent sur votre objectif, sur votre rêve, il deviendra une *intention*. Vous avez en vous la capacité de transformer vos plus grands désirs en intentions. Et ces intentions se manifesteront dans la réalité. C'est une loi de la nature. *Les intentions produisent des effets.*

Nos pensées et nos paroles sont puissantes – assez pour créer ce que nous désirons dans la vie. »

Le silence est retombé. Le ciel s'était teinté d'un bleu pâle, nuancé d'un rose délicat qui parait les nuages en volutes. Le crépuscule approchait, dans un majestueux déploiement de possibles.

« Ainsi soit-il. Ainsi est-il », a murmuré Bernie.

RÉSUMÉ

- Il est bon de s'échapper du bureau de temps en temps pour prendre un peu de recul sur votre travail et sur votre vie.
- Il est bon de méditer d'une façon ou d'une autre, peu importe si c'est assis ou en marchant, en faisant du camping ou en s'allongeant sur le dos. La méditation offre toutes sortes de bienfaits, tant physiques que psychologiques, émotionnels et spirituels.
- À travers la méditation, vous découvrez la voix calme, claire et assurée de votre intuition. Il existe d'autres façons de la trouver – il n'est pas *obligatoire* de méditer –, mais, pour réussir sa carrière et s'épanouir dans la vie, il faut être intuitif – se fier à son intuition et agir en conséquence.
- Chaque entreprise reflète la conscience de son dirigeant, directeur ou PDG. Et cependant, rares sont les chefs d'entreprise qui saisissent l'importance de faire l'examen de leur vie, de réfléchir à la façon dont fonctionne leur esprit, afin non seulement de

mener une vie meilleure, mais aussi d'assurer une meilleure réussite à leur entreprise.

- Nous avons tous des croyances fondamentales conçues durant l'enfance et au début de l'âge adulte, et, bien que ces croyances ne soient pas vraies en soi, elles deviennent autoréalisatrices si nous y ajoutons foi. Nos croyances fondamentales positives – comme, par exemple, celle qui affirme que nous sommes compétents, créatifs et intuitifs – doivent être entretenues et encouragées. Nos croyances fondamentales négatives – comme l'idée que la réussite est difficile à obtenir, source d'un stress intense et ne peut s'atteindre qu'au prix de grands sacrifices personnels – doivent être identifiées et abandonnées. N'oubliez pas : nos croyances fondamentales négatives ne sont pas des vérités – elles sont simplement autoréalisatrices ; elles ne deviennent réalité que si nous y ajoutons foi.

- Nous sommes tous des génies créatifs, chacun à notre façon. Il n'y a pas de limites à ce qu'on peut accomplir – à condition d'y croire véritablement. Si vous vous concentrez sur vos rêves et vos objectifs, ils deviendront des *intentions* – et vos intentions finiront par se matérialiser dans la réalité. C'est une loi de la nature : *les intentions produisent des effets.*

CLÉ N°10

Passez par les trois phases de la vie d'une entreprise : enfance, adolescence, âge adulte

J'appréciais de plus en plus ces moments en compagnie de Bernie. Je prenais des notes après chacune de nos rencontres ; ma pile de griffonnages commençait à atteindre le volume d'un petit livre. Je les feuilletais souvent, et j'y trouvais toujours quelque chose d'inspirant ou d'utile – les deux, en général – pour m'aider à relever les défis et saisir les occasions du moment.

Bernie m'a rappelé quelques semaines après le déjeuner chez lui pour me proposer de le rejoindre dans un parc régional situé à proximité de la ville. Je n'étais que trop heureux d'avoir une bonne raison de m'échapper du bureau, car la semaine avait été difficile. J'avais besoin d'une pause. Et j'avais hâte de le revoir.

Nous nous sommes retrouvés sur le parking. Bernie était déjà là quand je suis arrivé, en survêtement et baskets usées, tranquillement assis sur le capot de son véhicule, les pieds posés sur le pare-chocs. On aurait dit une mascotte de voiture géante.

Nous sommes partis à travers bois, d'un pas vif par moments, assez alerte en tout cas pour nous mettre en nage. Les arbres se balançaient dans le vent, tout chatoyants des vives couleurs de l'automne.

Il m'a demandé comment marchaient les affaires. Je lui ai avoué que nous n'avions toujours pas atteint nos prévisions – nous en étions assez loin, à vrai dire. Je lui ai confié ma déception. Nous avions eu un meilleur bilan à présenter la dernière fois que je l'avais vu ; cette fois, nous dérapions au lieu d'avancer.

« Quelles sont vos prévisions de ventes pour l'année, alors ? m'a demandé Bernie. »

Cette fois, j'avais la réponse toute prête. Elle s'était gravée dans mon esprit. Bernie a émis un petit rire appréciateur.

« Ne vous inquiétez pas si vous n'atteignez pas vos objectifs au début, m'a-t-il rassuré. Il en va presque toujours ainsi. La croissance d'une entreprise est un processus organique ; ça prend du temps. Ces arbres solides, robustes, ont mis des années à pousser. Eh bien, pour que votre entreprise devienne solide et robuste, ce sera pareil. »

Il s'est écarté du chemin pour s'approcher à pas tranquilles d'un pin majestueux qui nous dominait de toute sa hauteur.

« Regardez cet arbre », a-t-il dit.

Il a posé les deux mains sur le tronc, communiant silencieusement avec l'arbre pendant quelques instants.

« Nos vies sont comme cet arbre – et votre entreprise aussi : elle va pousser, grandir, jusqu'à semer ses graines dans le vent... Et beaucoup de ces graines germeront, et beaucoup d'entre elles ne germeront pas.

Certaines années, les arbres reçoivent beaucoup de pluie, et ils connaissent une explosion de croissance. D'autres années, quand il fait sec, c'est à peine s'ils poussent. Il y a parfois des années de sécheresse ; ces années-là, ils s'économisent et ne poussent pas du tout.

Il en va de même pour votre entreprise... »

La phrase de Bernie est restée en suspens un moment, puis lui-même s'est éloigné entre les arbres.

« Toute entreprise passe par trois étapes », a expliqué Bernie.

Nous avions repris notre marche et progressé en silence pendant quelque temps.

« L'enfance, l'adolescence et l'âge adulte, a-t-il précisé. La vôtre en est encore au stade de l'enfance, aussi vous faut-il être patient, tout comme vous le seriez avec un bébé. Une entreprise au stade de l'enfance doit être constamment nourrie et soignée, surveillée et protégée. Elle est encore vulnérable, et elle a un gros appétit. On doit lui donner, continuellement, sans s'attendre à recevoir en retour.

Mais, pour peu qu'on reste patient, qu'on s'en tienne au business plan et qu'on garde à l'esprit ses objectifs clairement définis, on s'aperçoit un jour qu'elle est passée au stade de l'adolescence. Dès lors, elle peut se débrouiller seule, sans être capable encore d'assumer d'autres personnes qu'elle-même. À ce stade, il est primordial de ne pas encore la traiter comme si elle était déjà arrivée à maturité. Elle est jeune. Il ne faut pas chercher à en obtenir trop. Il faut prendre garde à ne pas la faire grandir trop vite. La croissance doit être un processus lent et stable, comme celle des arbres qui nous entourent, comme celle d'un garçon ou d'une fille à l'adolescence.

Enfin, si on ne perd pas de vue ses objectifs et que l'on continue à avancer à tous les niveaux possibles, l'entreprise finira par les atteindre et devenir pleinement adulte. Elle sera mûre, forte et capable de subvenir généreusement aux besoins de son créateur, et à ceux de beaucoup d'autres personnes.

Quand vous en serez là, je veux que vous fassiez quelques petites choses : en premier lieu, prenez des vacances. Une longue période de repos et de détente bien méritée. Et recommencez par la suite, régulièrement. Il faut vous échapper du monde des affaires de temps en temps pour vous détendre, et pour prendre du recul sur votre vie professionnelle et personnelle.

Quand votre entreprise aura atteint l'âge adulte, elle pourra donner à chacun un bon salaire et une part substantielle de ses bénéfices. Maintenez les salaires dans des proportions raisonnables – compétitifs selon les critères de votre secteur, de préférence sur le versant généreux, tout de même –, et récompensez-vous, vous-même et tous vos collaborateurs, par le biais de l'intéressement.

Quand votre entreprise aura atteint ce stade, voici une autre recommandation : si vos parents sont encore en vie, envoyez-leur un gros chèque. Qu'ils en aient besoin ou non.

C'est une chose que j'ai faite dès que ma première entreprise a commencé à être rentable. J'ai agi comme ça, sur un coup de tête, parce que j'en avais toujours rêvé. Et puis, une fois le chèque envoyé, je me suis rendu compte que c'était l'une des meilleures décisions de mon existence. Mes parents ne s'y attendaient absolument pas, et ils en ont été enchantés, on s'en doute. Mais c'est pour moi, je crois, que cette expérience a été la plus bénéfique. Comme je l'ai dit à mes parents, par ce geste, j'ai compris que j'étais devenu adulte, capable de m'assumer pleinement – et même de les assumer, eux, si nécessaire. J'ai adressé à mon subconscient un message puissant : j'étais prêt, résolu et apte à créer une entreprise mûre, forte, capable de subvenir amplement à mes propres besoins et à ceux de beaucoup d'autres personnes. Un tel geste est bien plus qu'un don : c'est une confirmation de l'expansion de votre pouvoir. »

Nous sommes arrivés près d'un étang niché entre les arbres. Bernie a ramassé une pierre et, d'un geste expert, l'a lancée à la surface de l'eau. Un long arc de cercle s'est dessiné sur l'étendue calme, la pierre ricochant dix ou douze fois avant de sombrer au fond.

« Bien joué, Bernie ! me suis-je exclamé, admiratif.

— J'ai de l'entraînement. »

À mon tour, j'ai ramassé un caillou plat et rond, que j'ai lancé de mon mieux. Il a ricoché une fois, puis a coulé à pic.

« Hum, moi, je manque de pratique, j'imagine », ai-je commenté.

Je n'osais pas compter le nombre d'années qui s'étaient écoulées depuis la dernière fois que j'avais fait des ricochets sur l'eau.

Nous avons passé les vingt ou vingt-cinq minutes suivantes à jouer comme des enfants. J'ai fini par dénicher le galet parfait, qui a décrit un long arc de cercle comme la première pierre de Bernie. Le plaisir que j'en ai éprouvé m'a surpris moi-même, bien que je me sois fait mal au bras. L'espace de ces quelques instants, j'avais retrouvé l'allégresse d'un bambin de six ans.

Nous avons fini par nous remettre en chemin, et Bernie a repris le fil de son discours :

« Quand votre entreprise aura atteint l'âge adulte, dépensez votre argent avec sagesse. Gardez-en toujours en réserve, pour pouvoir affronter les tempêtes – car il y en aura, sans doute ; presque toutes les entreprises en connaissent. L'économie est cyclique. Les sociétés qui disposent d'une réserve de trésorerie résistent à tous les cycles.

Il serait sage de mettre de côté un petit pécule personnel, également, pour pouvoir y puiser, voire prêter un peu d'argent à votre entreprise en cas de besoin. Ne vous mettez pas dans une situation financière délicate : évitez les gros emprunts immobiliers à rembourser, la résidence secondaire et autres dépenses contraintes mensuelles. Vivez frugalement pour commencer, remboursez vos crédits à la consommation et prenez un peu d'avance sur l'avenir en accumulant de solides économies. Ensuite seulement, vous pourrez vous faire plaisir et acheter une résidence secondaire, un yacht ou ce qui vous fait envie.

Et, quand vous commencerez à faire des bénéfices, redonnez-en au moins 5 à 10 % : faites des dons à des causes qui vous tiennent à cœur – il existe des milliers d'organisations qui méritent d'être soutenues. »

Je n'étais pas certain de bien comprendre ce qu'il voulait dire.

« Est-ce bien compatible avec ce que vous m'avez dit l'autre fois ? Vous m'aviez conseillé de garder ce dont l'entreprise avait besoin, et de redistribuer le reste à parts égales entre les propriétaires et les employés. »

Bernie a choisi ses mots avec soin.

« Au départ, vous avez votre bénéfice total avant impôt – la ligne tout en bas du compte de résultat annuel de l'entreprise, nous sommes d'accord ?

— Tout à fait.

— Sur ce montant, vous devez retenir la somme que vous-même et votre banquier, votre expert-comptable, vos conseillers financiers – ou toute autre personne que vous consultez sur ces questions – estimez nécessaire à la bonne marche de l'entreprise. Ce sera sur cette somme-là que vous serez imposé. Donc, en premier lieu, vous retirez ce que vous voulez conserver. Ensuite, vous prélevez 5 à 10 % de la somme restante pour en faire don aux organisations à but non lucratif de votre choix. Et ensuite seulement, vous partagez le reste à cinquante-cinquante entre les propriétaires et les employés. Du moins, c'est ce que je recommande. Vous trouverez peut-être une autre formule qui fonctionnera mieux pour vous.

Une dîme de 5 à 10 % est non seulement généreuse, mais bonne pour les affaires. C'est une excellente publicité pour l'entreprise. Et ce n'est pas tout, loin de là : car, pour réussir vraiment du point de vue financier, il faut distribuer son argent. Le principe de la contribution a quelque chose de mystique – il vous développe, de sorte que vous attirez encore plus de richesses.

À titre personnel, faites vous-même don d'au moins 10 % de vos revenus ; ainsi, vous contribuerez sur les deux tableaux, professionnel et personnel. Ne vous cachez pas derrière le prétexte que vous donnez déjà au bureau. Donnez à la maison *et* au bureau. Alors, il se produira quelque chose de magique : vous ne serez jamais en manque de fonds. Vous évoluerez dans l'abondance. L'univers ne cessera pas de vous inonder de richesses.

Faites des dons aux associations caritatives, à vos amis, à vos proches, aux personnes qui vivent dans la rue ; faites des dons aux associations de protection de l'environnement, de défense des droits humains, de protection de l'enfance ; faites des dons à votre église si vous allez à l'église ; faites des dons à la soupe populaire, au centre d'accueil pour sans-abri de votre quartier, au foyer d'accueil pour femmes victimes de violences, aux foyers de l'enfance, aux écoles, aux structures qui proposent des programmes pour la jeunesse ; donnez à toutes les causes et à toutes les personnes qui vous en donnent l'envie. La seule chose qui compte, c'est que vos dons représentent au moins 10 % de vos revenus. Vous n'aurez jamais à le regretter.

Une fois que votre entreprise sera prospère, l'une des choses les plus formidables et les plus satisfaisantes que vous puissiez faire est de soutenir toutes sortes de bonnes causes et de personnes de valeur. Dans mes entreprises, nous appliquons un système vertueux depuis de nombreuses années : nous retirons ces fameux 5 à 10 % des bénéfices, que nous répartissons à parts égales entre tous les employés. Puis nous leur demandons quelles organisations ils veulent soutenir avec cette somme, et nous effectuons le don pour eux, avec un mot précisant le nom de l'employé donateur.

Au début, quand j'ai mis en place ce système, je n'avais pas idée de l'incroyable bonne volonté qu'il allait susciter, à la fois au sein de l'entreprise et dans le monde en général !

Je soutiens beaucoup de bonnes causes. C'est ma contribution à la Terre et à l'humanité : Greenpeace, Children International, Amnesty International, le Sierra Club, le WWF, The Nature Conservancy, le centre d'accueil pour sans-abri de mon quartier, le foyer d'accueil pour femmes victimes de violences, Brazil Hope – le groupe dont ma femme fait partie. La liste est encore longue. En parallèle, j'investis dans toutes sortes d'autres structures, et ça me plaît énormément. C'est au moins aussi gratifiant pour moi que pour les personnes en qui je place ma confiance.

J'investis en vous, par exemple, et je vous aide à ma façon à réaliser votre rêve. J'y prends autant de plaisir que vous – peut-être même plus.

Plus on donne, plus on reçoit – et je ne parle pas uniquement du point de vue financier, même si c'est vrai sur ce plan-là aussi. On reçoit d'autres choses bien plus importantes encore – satisfaction, contentement, épanouissement. Amour, même.

Et c'est ce qui compte le plus. »

RÉSUMÉ

- La croissance d'une entreprise est un processus organique, tout comme celle d'un arbre pour qu'il devienne grand et robuste – l'un comme l'autre mettent des années à se développer. L'un comme l'autre connaissent des années de croissance explosive et des années de croissance très faible, voire inexistante. Ayez pour la croissance de votre entreprise la patience que vous auriez pour celle d'un jeune pin ou d'un petit chêne.

- Toutes les entreprises passent par trois phases : l'enfance, l'adolescence et l'âge adulte. Une entreprise au stade de l'enfance doit être constamment nourrie et soignée, surveillée et protégée. Vous devez lui donner, continuellement, sans vous attendre à recevoir en retour.
- Parvenue au stade de l'adolescence, une entreprise peut s'assumer seule, sans être capable encore de subvenir à d'autres besoins que les siens. À ce stade, il est primordial d'éviter de la traiter comme une entreprise arrivée à maturité. Elle est encore jeune. Ne cherchez pas à en obtenir trop. Prenez bien garde à ne pas la faire grandir trop vite. Sa croissance doit être un processus lent et stable.
- Si vous ne perdez pas de vue vos objectifs, votre entreprise finira par les atteindre et devenir pleinement adulte. Elle sera mûre, forte et capable de subvenir généreusement à vos besoins comme à ceux de beaucoup d'autres personnes.
- Une fois que votre entreprise sera adulte, dépensez votre argent avec sagesse. Gardez-en toujours en réserve pour avoir la force d'affronter les tempêtes – et il y en aura, sans doute ; presque toutes les entreprises en connaissent. L'économie est cyclique. Les sociétés qui ont des réserves de trésorerie résistent à tous les cycles.
- Il serait sage de mettre de côté un petit pécule personnel, également, pour pouvoir y puiser, voire prêter un peu d'argent à votre entreprise en cas de besoin. Ne vous mettez pas dans une situation

financière délicate : évitez les grosses dépenses mensuelles ; remboursez les dettes liées à vos crédits à la consommation et prenez un peu d'avance sur l'avenir en accumulant de solides économies.

- Quand votre entreprise commencera à faire des bénéfices, reversez-en 5 à 10 % à des organisations à but non lucratif. Divisez le montant de votre contribution par le nombre de vos employés, puis donnez ce montant au nom de chaque employé à la cause qu'il ou elle souhaite soutenir. Ce système génère une incroyable bonne volonté non seulement au sein de l'entreprise, mais aussi au niveau de la vie locale et à l'échelle mondiale.

- Plus on donne, plus on reçoit – et ce n'est pas uniquement vrai au plan financier. On reçoit d'autres choses bien plus importantes encore : satisfaction, contentement, épanouissement et amour.

CLÉ N°11

Prenez en considération les aspects spirituels et mystiques de l'entreprise et mettez à l'œuvre votre propre magie

Je me débattais toujours avec une entreprise au stade de l'enfance et un personnel un peu débordé (moi y compris). J'étais un parent parfois impatient et exaspéré. Avec le recul, je sais aujourd'hui que ma frustration de l'époque avait d'autres causes que l'aspect purement financier. À un niveau profond – celui des *croyances fondamentales*, pour reprendre les termes de Bernie –, j'avais des doutes et des craintes sur tout ce que j'entreprenais. Je doutais de moi-même. J'allais jusqu'à douter de la pertinence même d'avoir voulu créer mon entreprise. Quelque part, je croyais que je risquais de perdre mon âme si je rencontrais le succès dans les affaires. Je risquais de finir par être dévoré par le matérialisme, par oublier ma créativité, mes amis, ma famille et le but ultime de toute cette aventure.

Je nourrissais de sérieux doutes sur mon aptitude à faire tout ce qui devait être fait, et des craintes tenaces quant à la direction que prendrait ma vie si, d'aventure, je parvenais à créer une entreprise prospère. Peut-être Bernie a-t-il deviné le cours de mes pensées ; peut-être était-il lui-même passé par là dans sa jeunesse. J'avais envie de le lui demander, mais, chaque fois que je me trouvais en sa compagnie, la question ne me venait pas.

À la lumière de tout cela, notre rencontre suivante a été particulièrement remarquable.

Plusieurs semaines se sont écoulées avant que je n'entende de nouveau parler de Bernie. Puis, un vendredi après-midi, il m'a téléphoné et m'a dit :

« Vous savez, c'est la pleine lune lundi. Que diriez-vous de venir chez moi contempler le coucher de soleil et regarder la lune se lever ? »

Nous avons donc admiré le coucher du soleil depuis son séjour, puis nous sommes sortis près de la piscine pour regarder une magnifique lune des moissons, d'un orange éclatant, se lever, lente et énorme, au-dessus des arbres plongés dans le noir. Il y avait de la lumière dans le studio de Lucia ; apparemment, elle était occupée à peindre.

« Des nuits comme celle-ci, j'adore prendre un bon bain chaud dans le jacuzzi, a déclaré Bernie. Ça vous tente de vous joindre à moi ? »

L'idée avait de quoi séduire. La nuit était fraîche ; le jacuzzi, chauffé. Il nous a fallu prendre notre temps pour entrer dans l'eau. Bernie était mince et souple. Je ne m'attendais pas à le trouver en aussi bonne forme physique.

Il a émis un long soupir de contentement. Puis il a respiré profondément plusieurs fois, avant de tourner ses grands yeux clairs vers la lune montante. Il faisait beaucoup plus jeune que son âge.

« Les nuits comme celle-ci, avec ce type de pleine lune, sont très particulières », a-t-il expliqué.

Il s'exprimait à mi-voix, mais d'un ton vibrant.

« Je vous ai transmis tout ce dont vous aviez besoin pour comprendre la mécanique d'une entreprise prospère. Vous savez comment ça marche, maintenant. Ce n'est rien de bien sorcier ; tout le monde peut y arriver. *Tout le monde.* Vous aussi. Ne soyez pas inquiet.

Si vous parvenez à retenir ne serait-ce que quelques-uns de mes conseils, et à les appliquer, vous réussirez. Car il suffit de penser à s'arrêter de temps à autre pour voir les choses à long terme. Regardez le tableau d'ensemble, une fois de temps en temps. Assurez-vous que ce tableau prévoit bien un mouvement continu vers l'accomplissement de vos rêves. »

Bernie est resté silencieux un long moment.

« Nous vivons une époque extraordinaire. Par le passé, la science et la religion s'opposaient diamétralement. Chacune semblait avoir sa propre méthode, très différente de la méthode adverse : la religion et la métaphysique reposaient sur l'intuition et la foi ; la science, sur la raison. Quand on y pense ! Elles se sont même violemment affrontées à maintes reprises au cours de l'histoire.

Et puis, au XXe siècle, la science et la métaphysique ont fusionné. Alors, les physiciens ont découvert ce que les métaphysiciens croyaient déjà depuis des siècles : toutes les différences que nous percevons entre les individus ne tiennent qu'à l'imperfection de notre sens de la vue – ou, comme l'a dit Einstein, ce qui nous différencie n'est qu'une “illusion d'optique”. En réalité, nous ne sommes qu'un, dans un vaste champ quantique, éternellement reliés les uns aux autres dans un immense océan d'atomes. Et ces atomes se composent d'espace vide, vide et pourtant rempli de forces tourbillonnantes d'énergie et d'information. Les bouddhistes le psalmodient depuis des millénaires : "*La forme est vide, le vide est forme.*" Les physiciens ont découvert que c'était vrai. »

Lui-même avait psalmodié la formule.

« Certains parlent de "New Age" ! a-t-il dit en riant. Pourquoi pas ? Mais il n'y a rien de nouveau dans ce courant de pensées. La Bhagavad Gita a tout de même cinq mille ans ! Elle provient directement de la source, et constitue elle-même la source de bien d'autres enseignements.

Ces enseignements ont été à notre portée tout au long de l'histoire, et réinventés à chaque génération – même si nous n'avons guère brillé dans l'application des enseignements de la Gita, de Jésus, de Bouddha, de Mahomet et de tous les grands maîtres et prophètes.

James Allen a écrit *As You Think*[2] en 1904. Tout est dans ce livre. Tout. Et que dire de *The Art of True Healing*, écrit par Israel Regardie dans les années 1930 ? Cet ouvrage regorge de méditations aussi puissantes que créatives ; c'est un véritable condensé de magie occidentale. La philosophie de ce qu'on a appelé le New Age n'est autre que la philosophie éternelle décrite par Aldous Huxley – c'est aussi vieux que l'humanité.

---

2. Publié en 1902 ou 1903 (selon les sources), *As a Man Thinketh* a été actualisé par l'auteur du présent ouvrage, Marc Allen, et republié en 1991 et 1998 sous le titre *As You Think*, aux éditions New World Library.

Pour ma part, j'en ai résumé l'essence à une chose toute simple. C'est ainsi que tout doit être, à mes yeux : simple et clair, pour avoir un impact concret sur ma vie. »

Il s'est tu un moment, les yeux rivés sur la lune. Puis il a repris :

« Il existe de nombreux chemins pour atteindre le sommet de la montagne. Chacun d'entre nous est absolument unique, et trouve les réponses qu'il ou elle cherche à sa façon, selon ses propres termes, avec ses propres mots. Chacun d'entre nous apporte sa propre contribution, absolument unique, aux vastes archives en perpétuelle expansion de la philosophie éternelle – ou du New Age, ou de la quête spirituelle, ou de la conscience supérieure, ou du mouvement du potentiel humain, ou des programmes en douze étapes, ou quel que soit le nom qu'on préfère employer.

Mes parents étaient juifs. Pour ma part, dans ma jeunesse, je n'ai jamais vraiment vu ni compris la sagesse de ma propre tradition. Jeune homme, je me suis tourné vers les vastes traditions de sagesse indiennes, et j'y ai trouvé inspiration et réponses.

J'ai découvert le *dharma* – les enseignements, les lois de l'univers, et l'importance pour chacun de nous de découvrir notre raison d'être dans l'existence, notre mission, et de l'accomplir.

J'ai découvert le karma – on récolte les fruits de ses pensées et de ses actes, bons ou mauvais. Les bonnes personnes rencontrent la bonté et la réussite ; les personnes égarées sur le mauvais chemin, qui ne comprennent pas le karma, rencontrent la souffrance et l'échec. Chacun de nous façonne sa propre expérience du monde ; nous n'avons personne d'autre à qui reprocher nos erreurs. À un moment ou à un autre, on se rend compte que *chaque instant* de sa vie a été absolument parfait, par son utilité ou l'enseignement qu'il a offert.

Quand j'étais jeune, je suis allé en Inde... » Il a souri à ce souvenir. « Un maître rencontré là-bas m'a dit que j'avais l'esprit bien trop actif. Il a attaché un fil autour de mon poignet, et a noué l'autre extrémité autour de la carapace d'une tortue. Puis il m'a invité à rester attaché à cette tortue pendant trois jours. J'ai fait ce qu'il me demandait. Depuis, je n'ai plus jamais été le même. »

Il s'est mis à rire de bon cœur.

« C'est en Inde que j'ai appris la méditation : l'importance d'apprendre à apaiser son esprit. Quand l'esprit commence à s'apaiser, le raisonnement intuitif se met à parler, d'une petite voix tranquille. En réalité, il parle toujours, mais nous n'avions encore jamais entendu sa voix, noyée qu'elle était dans les bavardages incessants qui nous emplissent la tête en permanence. La méditation nous montre comment *écouter à l'intérieur*.

J'y ai aussi appris le yoga. C'est ce qui explique ma bonne forme actuelle. Avec les jus de fruits frais, bien sûr – j'en bois beaucoup, matin et soir. Et je fais un peu de yoga presque tous les jours, même si ce n'est qu'une ou deux salutations au soleil.

À l'époque, ma professeure de yoga m'a suggéré de fermer les yeux quand je pratiquais, afin de "voir Dieu". Elle me l'a dit avec une telle simplicité, une telle absence de solennité, que je ne l'ai jamais oublié.

Puis, à mon retour dans ce pays, je me suis penché sur la tradition chrétienne, et j'y ai également trouvé inspiration et réponses, bien sûr. De quoi parlait le Christ sinon du karma lorsqu'il disait: "Ce qu'un homme aura semé, il le moissonnera aussi"? Saint Paul, quant à lui, parlait de modération – le "juste milieu" –, tout comme Bouddha invitait à prendre la voie du milieu, le chemin situé entre les extrêmes, celui de la modération en toute chose.

J'ai lu la Bible. De nos jours, la parole du Christ n'a rien perdu de son éclat. Je me désole de voir tant de prétendus chrétiens négliger tant de ses enseignements. Comment peut-on se proclamer chrétien tout en persistant à vouloir être armé, à fabriquer des bombes nucléaires ou à appliquer la peine de mort? Que dirait le Christ à ces individus? "Remets ton épée à sa place ; car tous ceux qui prennent l'épée disparaîtront par l'épée." On ne peut guère être plus clair.

Combien d'institutions se sont créées, combien d'églises et de gouvernements, qui se proclament chrétiens et ont pourtant oublié les paroles de leur fondateur! »

Il s'est mis à réciter de mémoire:

« Aimez vos ennemis, faites du bien à ceux qui vous détestent, bénissez ceux qui vous maudissent, priez pour ceux qui vous injurient... Tendez l'autre joue...

Ne jugez point, afin de ne pas être jugés... Que celui qui n'a jamais péché lui jette la première pierre...

Je vous donne un commandement nouveau: aimez-vous les uns les autres, comme je vous ai aimés...

Demandez, et l'on vous donnera ; cherchez, et vous trouverez; frappez, et l'on vous ouvrira... Le règne de Dieu est au milieu de vous. »

Nous avons contemplé la pleine lune en silence pendant quelques instants. Puis Bernie a repris:

« Je me suis tourné vers les traditions des peuples autochtones du monde entier, également, et là encore j'ai trouvé inspiration et réponses. Tous ces peuples croient au caractère sacré de la vie, au caractère sacré de la Terre. Notre Terre est notre Mère – elle nous fournit, littéralement, les matériaux qui constituent notre corps –, nous devons donc la respecter et la chérir.

Tous croient à l'existence d'autres mondes au-delà du nôtre. Comme l'a dit Chef Joseph : "La mort n'existe pas, ce n'est qu'un changement de mondes."

Tous croient au pouvoir des morts, qu'il faut honorer et respecter. Selon eux, nous devons mener une vie dont nos ancêtres seraient fiers, car leur esprit est toujours parmi nous, fait toujours partie de nous. Tout comme les chrétiens croient que l'esprit de Jésus vit toujours dans leur cœur, les peuples autochtones sentent les esprits de leurs ancêtres vivre et respirer parmi eux.

J'ai étudié le mysticisme occidental, aussi, et j'y ai trouvé réponses et inspiration. J'ai découvert l'existence de la vraie magie. J'ai appris des rituels magiques simples pour favoriser une bonne santé, résoudre les problèmes, obtenir la prospérité, l'amour... Dès lors qu'on comprend la notion de karma, la magie est un outil puissant qui peut se révéler très efficace.

Cela m'a ramené tout droit vers le judaïsme, source majeure de la magie occidentale. Alors, enfin, j'ai trouvé réponses et inspiration dans mes propres racines, à mon point de départ.

L'une des meilleures façons d'exposer tous ces enseignements si divers, avec simplicité et clarté – cela vous étonnera peut-être, et peut-être pas –, c'est le principe des douze étapes, développé à l'origine par les Alcooliques anonymes. Dieu bénisse tous les alcooliques du monde et leur vienne en aide ! Les douze étapes sont absolument brillantes.

La troisième étape est la suivante : "Nous avons décidé de confier notre volonté et notre vie aux soins de Dieu tel que nous Le concevions." Ce qui mène directement à la onzième étape : "Nous avons cherché par la prière et la méditation à améliorer notre contact conscient avec Dieu tel que nous Le concevions, Lui demandant seulement de connaître Sa volonté à notre égard et de nous donner la force de l'exécuter."

Tout y est admirablement résumé – du moins à mes yeux : il suffit de s'en remettre à Dieu, et de demander à connaître Sa volonté. C'est une solution très simple. Chaque fois que vous rencontrez un problème, soumettez-le à Dieu – ou à la puissance supérieure, ou à la force créatrice de l'univers, ou quelle que soit l'entité en laquelle vous croyez.

Chaque fois que vous avez une question, posez-la, puis écoutez la réponse au fond de vous. Demandez, et vous recevrez. »

Il y a eu un moment de calme tandis que nous contemplions la lune en silence. L'eau était chaude et agréable. Je n'éprouvais pas le besoin de parler. C'est Bernie qui a fini par rompre le silence.

« Donc, l'une des choses les plus importantes que nous puissions faire est de réfléchir à notre conception de Dieu. Que représente Dieu dans notre vie ? Que croyons-nous véritablement ? Qu'est-ce qui a du sens pour nous ? Qu'est-ce qui est raisonnable, pour chacun de nous, compte tenu de notre histoire personnelle, de notre culture, de nos croyances ? Il est bon de réfléchir à ces questions, et de trouver une réponse, *quelle qu'elle soit* – car cette conception de Dieu peut nous apporter toutes les réponses, toute l'aide, toute l'inspiration dont nous avons besoin pour nous construire la vie dont nous rêvons.

Tout le monde a sa conception d'une puissance supérieure – même les personnes qui se disent athées ont tout de même une notion des forces qui ont créé notre univers, un mot pour les nommer. Comme je l'ai souvent répété, si vous ne croyez pas à l'existence d'une puissance supérieure, allez donc fabriquer un brin d'herbe. Ou un grillon. Ou une galaxie. Il a bien fallu une puissance pour créer tout cela – laquelle, d'après vous ? La chimie ? Dans ce cas, la chimie est votre puissance supérieure. L'énergie nucléaire ? Alors, vous tenez votre description de ce que je choisis, moi, d'appeler Dieu, ou forces de création, ou vie. Appelez ça comme vous voudrez ; peu importe. Parlez tout simplement de l'Univers, si vous préférez. Ou de la Force. Ou de la *vie*.

Dans les traditions amérindiennes, Dieu a pour nom le Grand Mystère. Nous ne comprendrons jamais Dieu ; Dieu est la force de la création, éternellement mystérieuse. Dieu est la force au sein des atomes, l'intelligence qui forme les structures complexes de toute matière. Dieu est la force qui régit les galaxies, qui fait naître les étoiles, leur fait engendrer la vie, puis les fait mourir de façon spectaculaire. Dieu est la force par laquelle les éléments simples rejetés par ces étoiles mourantes se combinent pour former tout ce qui vit, y compris les molécules aussi complexes que l'ADN contenu dans chaque cellule de notre corps. Nous ne comprendrons jamais vraiment ces forces, dans leur essence. C'est le Grand Mystère de notre existence.

Chacun de nous, à sa propre façon, fait l'expérience de ce Grand Mystère. C'est celui de notre naissance, de chaque moment de notre vie, et de notre mort...

Croyez-vous en Dieu ? »

Bernie ne m'a pas laissé le temps de répondre.

« Pour moi, c'est comme demander à quelqu'un s'il croit au pouvoir créateur de l'Univers, s'il croit qu'une minuscule graine peut devenir un arbre gigantesque, ou encore s'il croit à la physique.

À mes yeux, la réponse à toutes ces questions est évidente – et n'a aucun rapport avec la croyance.

Chaque fois que vous rencontrez un problème – quelle qu'en soit la nature –, soumettez-le aux forces de création, à Dieu tel que vous Le concevez. Vous pouvez appeler cela une prière, ou lui donner n'importe quel autre nom. Dites simplement : “Voilà, cher Créateur (ou toute autre appellation que vous préférez, au féminin ou au masculin), je remets ce problème entre Vos mains – je Vous le confie. Montrez-moi seulement quelle est Votre volonté. Permettez-moi de l'accomplir.”

Remettez-vous en à Dieu, et laissez-Le régler les détails.

Continuez simplement à demander à accomplir la volonté de Dieu, et vos problèmes se résoudront. Vous serez guidé, pas à pas, intuitivement, sur le chemin que vous devez suivre.

Quand vous vous en remettez à Dieu, vous n'avez plus de souci à vous faire pour votre entreprise – Dieu est le nouveau directeur. Et le nouveau président du conseil, aussi.

Continuez à demander à accomplir la volonté de Dieu, et Il vous montrera le chemin à suivre. Vous conduirez peut-être votre entreprise dans une direction totalement inattendue ! Ce n'est pas grave – Dieu vous montre où vous devez aller et comment vous devez procéder. C'est Lui qui est aux manettes.

Je parle à Dieu tous les matins. Je me promène, par-ci par-là, et je remercie le pouvoir créateur à l'origine de tout ceci pour tout ce qui existe, pour tout ce qui nous a été donné. Tous les jours, je découvre une nouvelle raison de dire merci. Les motifs de ma gratitude n'ont pas de fin.

Puis je demande : "Guidez-moi..." et j'écoute. Et Dieu me répond presque toujours la même chose, chaque matin : "Aime, sers et souviens-toi."

Me souvenir de quoi ? "Souviens-toi d'aimer et de servir, toujours. D'aimer et de servir toi-même et les autres."

Au fil des années, j'ai pu constater la puissance de ces deux mots concrets : "aimer" et "servir". Puissent ces mots vous guider dans votre vie professionnelle et personnelle, toujours. Aimez et servez, vous-mêmes, vos employés, vos clients – tous ceux avec qui vous entrez en contact.

C'est le meilleur conseil entrepreneurial de tous. Il vous aidera à choisir le bon chemin. »

Je m'étais laissé totalement captiver par ses paroles, dont j'essayais de ne rien perdre. Tout à coup, je me suis rendu compte que j'avais très chaud ; mes cheveux ruisselaient de sueur. Bernie a semblé lire dans mes pensées, à moins qu'il ait simplement su interpréter la rougeur de mon teint.

« Sortons donc de là », a-t-il proposé.

Il a plongé dans la piscine et je l'ai suivi. L'eau était froide ; le contraste, grisant.

Nous nous sommes essuyés, rhabillés, puis nous sommes rentrés dans la maison. Bernie a ouvert la porte du réfrigérateur ; j'ai aperçu tout un rayonnage rempli de jus de fruits divers. Nous avons pris chacun un grand verre et, après y avoir mis des glaçons, nous avons fait nos assemblages.

La boisson préférée de Bernie était un mélange de jus de canneberge et de raisin : « Virgin Sea Breeze, a-t-il annoncé. C'est comme ça qu'on appelle ce cocktail dans les bars. Brise marine... Poétique, non ? Le matin, j'y ajoute une orange pressée. Ou du jus frais de papaye ou de mangue. Avec, parfois, un peu de thé glacé. »

C'était frais et savoureux, exactement ce qu'il nous fallait après la chaleur intense du jacuzzi. Nous sommes allés nous asseoir dans son séjour, devant la grande baie vitrée, et nous avons admiré les collines à la lumière vive de la pleine lune. L'astre était passé de l'orange vif au blanc argenté.

Nous avons siroté nos boissons en silence, perdus dans notre contemplation. Il y avait très peu de lumière dans la pièce ; la lune tenait le premier rôle du spectacle. Je me sentais détendu. Aucune tâche urgente ne m'appelait. Je n'étais pas pressé de m'en aller. J'étais bien, assis là dans le silence. C'était inhabituel, chez moi – d'ordinaire, j'étais toujours en train de courir à droite ou à gauche, toujours en train d'anticiper, de vouloir quelque chose, que ce soit terminer un projet, me rendre quelque part, me préparer un café ou aller chercher mon prochain repas. C'était extrêmement rare que je reste assis de la sorte, tout à fait tranquille, à savourer l'instant présent, sans avoir besoin de quoi que ce soit pour me sentir pleinement heureux ou comblé.

Bernie restait parfaitement immobile. J'ai fait de même, et j'ai fini par perdre toute notion du temps. Il me semblait que nous n'étions là que depuis quelques minutes, même si la lune continuait de grimper dans le ciel. Il se faisait tard.

Au bout d'un long moment, Bernie a bu une gorgée de son jus et s'est tourné vers moi.

« J'aimerais vous montrer quelque chose avant que vous partiez, a-t-il dit d'une voix grave et calme. Vous m'y paraissez ouvert. C'est une chose que je ne montre pas à tout le monde. Une leçon de magie. Un cours de création.

Toute création est magique, et nous créons en permanence. Autrement dit, nous sommes tous déjà des êtres magiques. Et nous sommes tous magiciens. La plupart d'entre nous l'ignorent, c'est tout.

Voici un cours complet de magie – ce n'est pas long, mais cela suffit. Voyons... J'ai besoin de papier... »

Il s'est levé et s'est éloigné dans le noir. Il se déplaçait presque sans aucun bruit. Quand il est revenu, il a ajusté l'éclairage de la pièce, qu'il a un peu intensifié. J'ai remarqué que toutes les lampes étaient équipées de variateurs de lumière, si bien qu'il pouvait choisir l'intensité de chacune. Il m'a tendu un stylo et une feuille ; lui-même était pareillement équipé.

« Dessinez la même chose que moi », m'a-t-il demandé.

Il a tracé au milieu de sa feuille une grande étoile qui couvrait la moitié du papier, comme ceci :

« Cette étoile est l'élément central de l'enseignement que je vais vous livrer. Je me sers d'une étoile à cinq branches, mais vous pouvez lui en mettre six si vous préférez, ou n'importe quel nombre. Vous pouvez même choisir un simple cercle couronné de rayons. L'important est d'imaginer qu'il s'agit d'une étoile, et que cette étoile est remplie de lumière. Elle brille vivement devant vous.

Concentrez-vous sur cette étoile remplie de lumière, et laissez sa forme se définir d'elle-même. Elle gardera peut-être la forme d'une étoile, ou peut-être changera-t-elle pour vous. Elle prendra peut-être l'aspect d'un être de lumière, les bras grands ouverts. Dans la magie occidentale, l'étoile à cinq branches symbolise l'Homme avec les bras ouverts. L'Homme – ou la Femme – sous forme de lumière, sous forme de Dieu, ou quel que soit le nom que vous voulez lui donner.

Cette étoile vous représente, *vous*. C'est ce que vous êtes, après tout – nous sommes tous des poussières d'étoiles, comme le disait Carl Sagan.

Maintenant, tout en haut de l'étoile, écrivez ces mots :

VOLONTÉ DE DIEU

Ou quelque chose d'équivalent, selon la façon dont vous préférez définir Dieu. Choisissez les mots qui vous conviennent, qui vous rappellent de toujours soumettre vos désirs, vos objectifs, vos problèmes, *tout*, à Dieu tel que vous Le concevez – aux forces de la création.

À chaque autre extrémité de l'étoile, inscrivez un élément que vous voulez créer au cours de votre vie, quelque chose qui vous passionne. Si vous avez choisi une étoile à cinq branches, prenez vos quatre objectifs, désirs ou rêves principaux, et inscrivez-en un au bout de chaque branche.

Cette méthode, très visuelle, est efficace pour plusieurs raisons. Pour commencer, cela vous contraint à vous demander continuellement si ce que vous désirez correspond bien à la volonté de Dieu. Ensuite, cela vous oblige à ne choisir que quatre options parmi toute l'immensité des possibles. Autrement dit, cela vous oblige à établir des priorités ; quels sont vos quatre objectifs les plus importants ?

Une fois vos objectifs choisis et inscrits, affirmez pour vous-même : “Je suis maintenant prêt à recevoir ce que je demande, et je le désire." Puis, préparez-vous à le recevoir, car c'est ce qui va se produire.

Essayez, vous verrez !

Comme le dit Deepak Chopra : "Dans chaque désir se trouvent la graine et la mécanique de son accomplissement." C'est tout simplement brillant – l'essence même de la magie.

Ralph Waldo Emerson ne disait rien d'autre il y a déjà bien longtemps : "On ne nous aurait pas donné le désir si nous n'avions pas été en mesure de le combler." Voilà de quoi méditer !

Pliez votre feuille et portez-la toujours sur vous. Concentrez-vous sur votre étoile assez souvent pour la graver dans votre conscience. Focalisez-vous sur elle jusqu'à ce que vos désirs deviennent des intentions.

Une intention est bien plus puissante qu'un désir. La création du corps dont nous jouissons aujourd'hui n'était pas le résultat d'un simple désir : c'était une intention absolue, encodée dans notre ADN. Une fois le désir devenu intention, près de 90 % des obstacles perçus ou imaginés s'évanouissent. Et l'on dispose du savoir et de la force – de la *volonté* – nécessaires pour s'occuper efficacement des 10 % restants.

Quand vos désirs seront devenus des intentions, vous créerez ce que vous avez l'intention de créer, ni plus, ni moins. James Allen a écrit dans *As You Think* l'une de mes phrases préférées de tous les temps : "Vous deviendrez aussi grand que votre plus grande aspiration... Si vous chérissez une vision, un idéal noble au fond de votre cœur, vous le concrétiserez."

Voilà, en résumé, ce qu'est la magie occidentale. »

J'ai inscrit mes désirs au bout de chacune des branches de mon étoile. Ils me sont venus rapidement, à mesure que j'écrivais. Chacun d'eux menait au suivant.

Cela fait, Bernie m'a demandé quelque chose d'inattendu, que personne ne m'avait jamais demandé. Je n'y avais jamais songé moi-même.

« Combien d'argent voulez-vous gagner ? Quelle somme vous paraît suffisante ?

— Bonne question, ai-je répondu. Il va falloir que j'y réfléchisse un peu.

— Réfléchissez plutôt à ceci : pourquoi voulez-vous gagner de l'argent ? Qu'est-ce que ça représente pour vous ? »

Les mots sont sortis spontanément de ma bouche :

« La sérénité et le pouvoir », ai-je dit.

Ma réponse a semblé beaucoup l'amuser.

« Que voulez-vous dire par là ? m'a-t-il demandé.

— Une certaine aisance financière m'apporterait la sérénité ; je pourrais alors faire les choses à mon rythme, tranquillement et sans stress – tout comme vous semblez le faire. Et elle me donnerait le pouvoir de faire ce que je souhaite, d'atteindre mon but ultime dans l'existence. »

J'avais la nette impression que, sans cette soirée si paisible, ponctuée de tous ces silences, ma réponse aurait été sensiblement différente. Bien plus superficielle.

« La sérénité et le pouvoir – excellent ! » a commenté Bernie.

Il avait de nouveau son expression enthousiaste, presque enfantine.

« Très bien ! Concentrez-vous sur cette pensée, sur cette affirmation : *J'ai maintenant la sérénité et le pouvoir.*

Écrivez-la en grosses lettres tout en haut de votre feuille, au-dessus de votre étoile. Répétez-vous continuellement ces mots : *J'ai maintenant la sérénité et le pouvoir.* Vous n'avez pas besoin d'un million de dollars sur votre compte en banque tant que vous n'avez pas la sérénité et le pouvoir. Rappelez-vous constamment cette affirmation, jusqu'à ce que votre subconscient l'accepte et que vous la concrétisiez dans votre vie.

Ce qu'on veut, au fond, c'est moins l'argent que ce qu'il peut apporter. Affirmez continuellement que vous avez la sérénité et le pouvoir – ou quel que soit votre objectif –, et vous l'obtiendrez ! »

Il s'est mis à rire comme un enfant, absolument ravi de lui-même.

« Compris ?

— Compris. »

Je suis rentré chez moi dans un curieux état d'esprit – c'était presque de l'euphorie, encore que ce terme soit un peu trop fort. Je me sentais bien, totalement en phase avec moi-même.

J'ai conduit en silence – sans radio ni musique, contrairement à mon habitude. Je roulais tranquillement, comblé, dans un monde sans bruit baigné de la lumière argentée de la pleine lune.

J'étais en paix.

RÉSUMÉ

- Le monde des affaires, comme la vie en général, a un côté spirituel et mystique. À une époque, on considérait la science comme diamétralement opposée à la religion ou à la métaphysique. Mais, au XXe siècle, la science et la métaphysique se sont rejointes. Les physiciens nous confirment désormais ce que les métaphysiciens affirmaient déjà depuis des siècles: en réalité, nous ne sommes qu'un, dans un vaste champ quantique, éternellement reliés avec tout le reste au sein de l'univers.
- Il n'y a rien de nouveau dans le New Age: cette philosophie n'est autre que la philosophie éternelle d'Aldous Huxley – elle est vieille comme l'humanité, enseignée par le christianisme, par les traditions orientales et par bien d'autres religions et cultures autochtones à travers le monde.
- Les traditions orientales enseignent le *dharma* – les lois de l'univers, et l'importance pour chacun de nous de découvrir son but ultime dans l'existence, sa mission, et de l'accomplir.
- Les traditions orientales et le christianisme enseignent le karma – chacun de nous récolte les fruits de ses pensées et de ses actes, qu'ils soient bons ou mauvais. On récolte ce qu'on sème.
- Les peuples autochtones du monde entier nous enseignent que la terre est sacrée, que la Terre est notre Mère, et que nous devons la respecter et la chérir.

- Les programmes en douze étapes, eux aussi, recèlent une sagesse formidable pour le monde moderne. Ils nous encouragent à toujours remettre notre vie et notre volonté entre les mains de Dieu, tel que nous Le concevons. Tout le monde a sa propre conception de Dieu, d'une puissance supérieure, de la force créatrice de l'univers ou encore du Grand Mystère. Chaque fois que vous rencontrez un problème – personnel ou professionnel –, confiez-le aux forces de la création, à Dieu tel que vous Le concevez. Et laissez Dieu régler les détails. Vous serez guidés, pas à pas, intuitivement, sur le chemin que vous devez suivre. Il y sera question de deux notions puissantes et concrètes : *aimer et servir*. Aimez et servez, vous-mêmes et les autres – c'est une clé majeure de la plus belle réussite que vous puissiez imaginer.

- Toute création est magique, et nous créons en permanence. Nous sommes donc tous déjà des magiciens – bien que la plupart d'entre nous l'ignorent. Visualiser vos objectifs est une puissante forme de magie. Comme l'a écrit Deepak Chopra : « Dans chaque désir se trouvent la graine et la mécanique de son accomplissement. » C'est l'essence même de la magie.

- Comme l'écrivait James Allen : « Vous deviendrez aussi grand que votre plus grande aspiration... Si vous chérissez une vision, un idéal noble au fond de votre cœur, vous le concrétiserez. »

- Pourquoi voulez-vous gagner de l'argent ? Ce n'est pas seulement pour garnir votre compte en banque ; il y a une autre raison, bien meilleure. Qu'attendez-vous de votre argent ? Quelle que soit votre réponse, affirmez que vous en disposez déjà *maintenant*, et observez ce qui se produit. Affirmez, de façon répétée et énergique : *J'ai maintenant la sérénité et le pouvoir*. Vous découvrirez alors en vous une sérénité et un pouvoir qui n'ont aucun rapport avec la somme que vous avez sur votre compte en banque ou dans votre portefeuille d'investissement.

CLÉ N°12

Vivez de ce que vous aimez et vous bâtirez une entreprise visionnaire comme vous seul(e) pouvez le faire

Un hiver long et difficile a passé, sans nouvelles de Bernie. Nous avons tout de même résisté aux tempêtes – j'ai beaucoup prié. Nous nous sommes même approchés assez près de nos prévisions. Il y avait un peu de la magie de Bernie à l'œuvre.

J'avais consigné par écrit tous ceux de ces conseils que j'avais pu retenir, si bien que je pouvais y revenir fréquemment pour me les remettre en mémoire. Il était si facile de tout oublier, de reprendre les vieilles attitudes, les vieux raisonnements centrés sur les problèmes plutôt que sur les opportunités, les vieux réflexes qui n'apportaient que la lutte, la frustration et l'échec. Pour l'éviter, j'utilisais la magie de Bernie. L'étoile que j'avais dessinée me suivait partout. J'y réfléchissais de temps en temps. Dans ces moments-là, je m'asseyais en silence pour méditer quelques instants à son sujet. Je m'affirmais : *J'ai maintenant la sérénité et le pouvoir*. Chaque fois que je me répétais ces mots, j'éprouvais une sensation merveilleuse – une impression de puissance.

L'un des objectifs que j'avais notés sur mon étoile était notre revenu prévisionnel pour l'année. Nous l'avons presque atteint – nous n'y étions pas tout à fait, mais nous nous en sommes approchés d'assez près pour être satisfaits. Nous avions presque doublé le chiffre des ventes par rapport à l'année précédente.

Le printemps a fini par arriver, tardif et soudain, chaud et ensoleillé, tout orné de fleurs qui s'épanouissaient en des lieux où je ne les avais jamais remarquées jusque-là. Bernie a téléphoné un vendredi après-midi pour m'inviter chez lui. J'ai accepté avec grand plaisir. Il ne m'a pas donné d'explications.

Il était tard dans l'après-midi lorsque je me suis présenté devant sa porte. Nous sommes allés nous installer sur sa terrasse à l'arrière de la maison, d'où nous avons admiré la vue en buvant du café. Son jardin n'était plus qu'un tapis de fleurs qui descendait en pente douce vers un panorama d'éternité.

Quelqu'un a sonné à la porte. C'était un livreur, venu apporter un festin de mets du monde entier commandé par Bernie. Avec Lucia, qui nous avait rejoints dans ses vêtements mouchetés de taches de peinture multicolores, nous nous sommes régalés de toutes sortes de petits plats.

« Nous fêtons une occasion très particulière, ce soir, a déclaré Bernie. Il y a tout juste un peu plus d'un an que nous nous connaissons. Nous célébrons donc votre première année de réussite. À la vie, et à votre grande réussite. »

Il a levé vers moi son verre où chatoyait un mélange de jus de fruits. Lucia et moi l'avons imité.

« À vous, Bernie, et à vous, Lucia », ai-je dit à mon tour, cherchant comment exprimer ce que je ressentais. Mais les mots me fuyaient, aussi me suis-je contenté d'ajouter :

« Que la vie vous apporte santé, bonheur, prospérité et amour. »

Nous avons trinqué tous les trois.

« C'est bien de fêter vos réussites, m'a fait observer Bernie. Quand vous atteignez un objectif, emmenez toute votre équipe dîner quelque part. Et offrez-leur une bonne petite prime.

Vous êtes bien lancé, désormais. Vous avez tous les outils dont vous avez besoin. Ne cessez jamais d'apprendre, de toutes les personnes qui peuvent vous enseigner des choses, de toutes les sources possibles. Et ne cessez jamais non plus de réinventer votre entreprise. C'est un processus sans fin. Comme un être vivant, elle grandit en permanence, de façon organique, à sa propre façon et au rythme qui lui convient le mieux.

Apprenez de ceux qui ont réussi avant vous dans votre secteur. Dans tous les domaines, de grandes réussites sont déjà advenues, tout comme se sont déjà produits de grands échecs. Concentrez-vous sur les personnes qui ont réussi. Arrangez-vous pour les rencontrer quand c'est possible. Lisez les livres qui parlent d'elles. Étudiez leurs méthodes. Vous imaginerez les vôtres, mais ne perdez jamais de vue celles des personnes qui ont réussi avant vous.

Célébrez leur succès. Et inspirez-vous-en. »

Il a bu une grande gorgée de jus de fruits avant de poursuivre :

« Célébrez le succès de vos concurrents, également. Célébrez même celui des personnes susceptibles de se croire vos ennemies. Vous n'êtes pas forcé de vous abaisser à leur niveau ; la concurrence ou la lutte ne sont pas incontournables. Vous n'avez pas besoin d'ennemis, et rien ne vous oblige à en avoir – cela ne tient qu'à vous. "Aimez vos ennemis", a dit Jésus. Si vous suivez ce précepte, alors vous n'avez pas d'ennemis, si ?

Nous vivons dans un univers d'abondance ; la lutte pour la survie n'a pas de raison d'être. Il y a tout ce qu'il faut. L'animosité et la concurrence – dans ses aspects négatifs – n'ont pas de raison d'exister dans votre monde. Célébrez la réussite des autres – cela vous aidera à renforcer encore la vôtre.

À présent, vous avez tous les outils en main. Je vous ai transmis tout ce que je sais. Vous savez comment créer la vision d'une entreprise prospère, comment vous concentrer sur cette vision et la concrétiser, avec un bon coup de pouce de votre puissance supérieure – ou Dieu, pouvoir créateur de l'univers, esprit intuitif, qu'importe le nom que vous voulez lui donner. »

Il s'est tu et a réfléchi un moment.

« Il me reste une dernière chose à vous dire :

Rappelez-vous les paroles de Joseph Campbell : "Suivez votre félicité." Vivez de ce que vous aimez ! Travaillez avec passion, vivez avec passion, et vous créerez une entreprise visionnaire, à votre façon à vous.

J'attendrai avec impatience notre prochain dîner dans un an. J'ai hâte de vous entendre m'annoncer que vous avez encore doublé vos ventes, et que votre entreprise est désormais solidement rentable.

— C’est notre objectif, lui ai-je assuré.

— Qu’il en soit ainsi ! a conclu Bernie avec une force étonnante. Qu’il en soit ainsi. »

Je suis parti peu après la fin du dîner. Alors que je traversais la pelouse pour regagner ma voiture, Bernie m’a rappelé depuis la porte d’entrée :

« Marc, une dernière chose ! Un petit cadeau ! »

Il a disparu à l’intérieur, avant de revenir avec un petit paquet enveloppé dans du papier argenté.

J’ai aussitôt ouvert l’emballage. C’était une pièce de bois poli à poser sur un bureau ou une table, ornée d’une plaque de cuivre sur laquelle on pouvait lire ces mots :

Tenez-vous à l’écart des personnes qui tentent
de rabaisser vos ambitions. C’est la marque
des mesquins. Les êtres vraiment remarquables,
eux, vous font sentir que vous aussi, vous pouvez
devenir un être remarquable.

Mark Twain

Son cadeau m’a beaucoup touché, de même que la douceur maladroite avec laquelle il me l’a offert. Quand je l’ai remercié, j’avais les larmes aux yeux.

RÉSUMÉ

- Ne cessez jamais d'apprendre, de toutes les personnes qui peuvent vous enseigner des choses, de toutes les sources possibles. Et ne cessez jamais non plus de réinventer votre entreprise. C'est un processus sans fin. Comme un être vivant, elle grandit en permanence, de façon organique, à sa propre façon et au rythme qui lui convient le mieux.
- Nous vivons dans un univers d'abondance ; la lutte pour la survie n'a pas de raison d'être. Il y a tout ce qu'il faut. L'animosité et la concurrence – dans ses aspects négatifs – n'ont pas de raison d'exister dans votre monde. Célébrez la réussite des autres – cela vous aidera à renforcer encore la vôtre.
- Rien ne vous oblige à avoir des ennemis dans la vie – cela ne tient qu'à vous. «Aimez vos ennemis», a dit Jésus. Si vous suivez ce précepte, alors vous n'avez pas d'ennemis, si ?
- Rappelez-vous les paroles de Joseph Campbell: «Suivez votre félicité.» Vivez de ce que vous aimez ! Travaillez avec passion, vivez avec passion, et vous créerez une entreprise visionnaire, à votre façon à vous.
- « Tenez-vous à l'écart des personnes qui tentent de rabaisser vos ambitions, a écrit un jour Mark Twain, c'est la marque des mesquins. Les êtres vraiment remarquables, eux, vous font sentir que vous aussi, vous pouvez devenir un être remarquable. »

POSTFACE

Développez les trois points essentiels de la réussite de manière positive et sans stress

Voilà maintenant plus de vingt-cinq ans que j'ai rencontré Bernie. Il est décédé depuis des années. Parfois je m'imagine – je suis même certain – qu'il connaît l'existence de cet ouvrage et que tout cela le fait beaucoup rire.

Ma maison d'édition a grandi et prospéré. Elle constitue un bon exemple de travail d'équipe et de partenariat. Elle montre que les clés que Bernie m'a transmises sont efficaces, et que *n'importe qui* – même quelqu'un qui n'y connaît rien comme moi à l'époque – peut réussir dans les affaires.

J'ai rêvé de mon tableau idéal, et ce rêve a fini par devenir réalité. Il m'a fallu une dizaine d'années pour concrétiser la vie que j'avais espéré obtenir en cinq ans. Bien des choses ont pris plus de temps qu'espéré pour se développer, mais, finalement, nous sommes arrivés là où nous voulions aller.

J'ai fait une liste de mes objectifs, que j'ai relue plusieurs fois par semaine, et je me suis affirmé que tout me viendrait *tranquillement et sans stress, de façon saine et positive.* J'ajoutais parfois *en son temps, pour le plus grand bien de tous.* Et je concluais par : *Ceci, ou quelque chose de mieux encore, se manifeste maintenant, de façons parfaitement satisfaisantes et harmonieuses, pour le plus grand bien de tous.*

Chacun des objectifs de ma liste s'est concrétisé, tranquillement et sans stress, de façon saine et positive. Au fil des années, je me suis rendu compte que le simple fait de me répéter ces mots quelques milliers de fois m'avait permis de surmonter une grande partie de mes doutes et de mes craintes. Car, croyez-moi, ces doutes et ces craintes me murmuraient : *Ce ne sera pas tranquille : c'est difficile. Ce ne sera pas sans stress : c'est tellement angoissant ! Peut-être même n'est-ce ni sain ni positif.*

Cette affirmation à moi-même, sans cesse réitérée, m'a permis d'affronter, de contredire, et finalement de modifier beaucoup de mes croyances les moins utiles et les plus profondément ancrées en moi. Je me suis répété, encore et encore : *Je suis en train d'inventer la vie de mes rêves, tranquillement et sans stress, de façon saine et positive.* C'est une affirmation puissante.

Avec les années, tout est devenu de plus en plus facile, incontestablement. Mon rythme de vie s'est nettement ralenti. Aujourd'hui, j'ai beaucoup de temps pour moi, pour ma famille, pour mes amis. Plusieurs jours par semaine, je n'ai absolument rien d'inscrit sur mon agenda. Je me suis prouvé qu'il est possible de créer et de diriger une entreprise prospère sans être une personnalité de type A ou un bourreau de travail. Il est possible de réussir tout en ayant une vie en dehors du bureau – une vie créative, une vie familiale, et une vie spirituelle, également. *Une vie de loisir* – pour moi, ce rêve est devenu réalité.

Nous savons tous que le travail prend toute la place que nous lui laissons – et, malgré tout, la plupart d'entre nous continuent à travailler trop dur. Je suis la preuve que l'on peut bâtir facilement une entreprise prospère, en se ménageant des vacances fréquentes tout au long de l'année, et même, mieux encore, des petites vacances chaque semaine.

La plupart des gens semblent interloqués quand je leur décris mon emploi du temps – apparemment, nombreux sont ceux qui pensent que c'est impossible, et qui n'ont jamais ne serait-ce qu'envisagé une telle chose. Je ne travaille jamais le matin, ni le lundi. Et je ne travaille jamais le dimanche. J'arrive habituellement au bureau vers 13 ou 14 heures, du mardi au jeudi ou vendredi.

Avec un tel emploi du temps, tous les jours de la semaine sont devenus mes préférés, mais, si je devais n'en choisir qu'un, ce serait le lundi. Je commence la semaine par un jour de congé. Je ne fais jamais de projets le lundi, si ce n'est me détendre et méditer (presque toujours étendu sur le dos), de dîner en famille et de passer la soirée avec ma femme et mon fils.

En semaine, j'ai toutes mes matinées : sauf exception, n'ayant jamais été du matin, je ne programme rien avant midi, et je dors généralement jusqu'à 10 ou 11 heures.

Habituellement, je passe entre quinze et vingt-cinq heures par semaine au bureau. Cet emploi du temps me convient parfaitement. Quelqu'un m'a dit un jour que j'étais en préretraite – et j'ai répondu : « Je ne prendrai jamais ma retraite ! Quand on fait ce qu'on aime, pourquoi s'arrêter ? » Simplement, j'ai tout mis en place pour pouvoir travailler quand j'en ai envie, et pour pouvoir faire autre chose (ou rien du tout) quand je n'ai pas la tête à travailler. C'est une question de bon sens, il me semble.

Je suis avec mon fils presque tous les soirs pour lui souhaiter bonne nuit. Je passe en moyenne une trentaine d'heures par semaine avec ma famille – plus que je n'en passe au bureau, et autant que je n'en passe seul.

C'est l'équilibre qui me convient. J'encourage tout un chacun à réfléchir de façon créative à son emploi du temps, et à faire les ajustements nécessaires pour avoir une *vie* en plus de sa carrière, une vie qui inclut du temps pour soi, pour son expression créative, pour sa famille et pour ses amis.

LES TROIS POINTS ESSENTIELS DE LA RÉUSSITE

Au fil du temps, j'ai reçu beaucoup de commentaires sur cet ouvrage, très positifs pour la plupart. De nombreux témoignages de ce qu'il a pu apporter aux lecteurs sont ce que j'appelle des histoires miraculeuses.

Une lectrice, notamment, m'a raconté qu'en refermant *Vivre de ce que l'on aime*, à trois heures du matin, elle avait réveillé son mari pour lui annoncer qu'elle allait doubler leurs chiffres de ventes en trois mois. Elle s'efforçait de concrétiser son rêve – avoir son propre commerce de détail pour y vendre les produits qu'elle aimait –, mais chaque étape avait été une lutte. Elle savait qu'en doublant ses ventes elle atteindrait sa vitesse de croisière, et serait en mesure d'offrir un intéressement substantiel à tous ses employés. Trois mois plus tard, son objectif était atteint.

Les récits comme celui-là ont été nombreux. Ils m'ont confirmé que l'écriture de ce livre en valait la peine.

Toutefois, certaines personnes en attendaient davantage. Un critique a regretté de ne pas y avoir trouvé plus de précisions sur les difficultés que j'avais rencontrées dans les débuts de mon entreprise. J'y ai longuement réfléchi, et voici la réponse qui m'est venue.

Les circonstances particulières de mon entreprise diffèrent complètement des vôtres. Chaque secteur, chaque domaine, répond à ses propres règles et requiert des savoir-faire spécifiques. Chaque entreprise privée doit faire face à des défis particuliers qui exigent créativité et souplesse.

Les réponses à toutes les questions que vous vous posez sont à portée de main, à chaque instant. Comment s'y prend-on exactement pour créer une entreprise ? Allez demander à quelqu'un qui l'a fait près de chez vous. Ou faites tout simplement une recherche sur Internet. Les détails se découvrent en cours de route. On trouve facilement les informations dont on a besoin quand on commence à poser des questions autour de soi. Les gens adorent partager leur expérience.

Ce que vous ne devez jamais oublier, c'est votre rêve et votre plan. Gardez votre œil intérieur sur le tableau d'ensemble, et, tôt ou tard, d'une façon ou d'une autre, vous le concrétiserez.

Trois éléments suffisent pour accomplir votre rêve et réussir dans les affaires ou dans le monde artistique. Aucun n'est très difficile à obtenir. Aucun ne nécessite de connaissances poussées en mathématiques ou de diplôme universitaire. Toutes les entreprises prospères, toutes les personnes qui mènent une brillante carrière, tous les artistes reconnus ont développé les trois éléments suivants à un degré ou à un autre :

1. *Un produit ou un service*

Cela paraît évident, non ? Et cependant, beaucoup de personnes consacrent leur vie à créer un produit ou un service qui ne les sert pas vraiment et ne sert pas vraiment les autres non plus, ou qui est nettement inférieur à ce qu'il pourrait être. La plupart des gens ne voient tout simplement pas assez loin quand il s'agit de créer un produit ou un service.

La clé de l'authentique réussite, du véritable accomplissement, est de *faire ce que vous aimez.* Découvrez ce qui vous passionne, et trouvez comment réussir en vivant de ce que vous aimez. Voyez loin.

Quoi que vous rêviez de faire, d'être ou de posséder, un nombre considérable de personnes l'ont fait, été ou possédé avec succès avant vous. Regardez ceux qui ont réussi à faire ce que vous aimez. S'ils ont réussi, cela vous montre que c'est possible. Avec de la persévérance, de la détermination, vous pouvez trouver un moyen d'y parvenir, vous aussi, tôt ou tard.

> *Faites ce que vous aimez.*
> *Continuez. Persévérez. Et ne rêvez pas trop petit.*

2. *Le marketing et la vente*

Cela paraît tout aussi évident : quel que soit le produit ou le service que vous proposez, il vous faut un moyen de le présenter au monde et d'en obtenir une bonne rémunération.

La clé de la réussite, ici, est d'avoir *une stratégie à points multiples qui n'accepte pas de réponse négative.* Qu'entends-je par stratégie à points multiples ? Comprenez par là qu'il existe d'innombrables méthodes pour vanter les mérites de votre travail et le vendre. Commencez par la plus évidente ; si elle ne fonctionne pas, essayez-en une autre. Si cela ne fonctionne toujours pas, tentez-en encore une autre.

Regardez les personnes qui ont réussi, et essayez d'appliquer la méthode qui a fonctionné pour elles. Si cela ne marche pas, essayez quelque chose de complètement nouveau, qui sorte des sentiers battus. Avec Internet, vous avez le monde à portée de clic.

Comme l'a dit Bert Lahr, le comédien du *Magicien d'Oz* : « Restez sur le manège assez longtemps, et vous serez sûr d'attraper le pompon. » Faites preuve de persévérance. Ne baissez pas les bras.

Voici une autre clé : assurez-vous d'estimer votre travail à un prix assez élevé pour vous permettre d'en vivre correctement. Voilà plusieurs années, une artiste nous a autorisés à utiliser l'un de ses tableaux pour illustrer une couverture. J'en suis venu à la connaître un peu mieux, et je me suis aperçu qu'elle avait du mal à payer le loyer du petit studio où elle vivait. Elle vendait ses originaux à quelques centaines de dollars seulement. Je lui ai donc conseillé de relever ses prix.

Elle m'a demandé : « Jusqu'à combien ? Mille dollars ? » Cette augmentation semblait l'effrayer. Je lui ai répondu : « Tes tableaux sont magnifiques. Demandes-en cinq mille dollars, ou même dix mille. »

Elle est partie un peu abasourdie. Mais elle m'a rappelé quelques semaines plus tard, folle de joie, en m'annonçant :

« Tu ne vas pas me croire – je viens de vendre un tableau pour *dix mille dollars!* » Je n'ai pas été surpris ; je connais beaucoup de gens, dont moi-même, qui préféreraient payer dix mille dollars plutôt que quelques malheureuses centaines de dollars pour une œuvre d'art originale.

J'ai entendu un jour un conseil des plus précieux : si personne ne se plaint que vous êtes trop cher, c'est que vous ne l'êtes pas assez. Reconnaissez la valeur de votre temps et de votre énergie, et les autres la reconnaîtront aussi.

> *Développez une stratégie à points multiples pour vendre et vanter les mérites de votre travail.*
>
> *Reconnaissez sa valeur. Et soyez persévérant.*

3. La maîtrise des finances

Comme pour beaucoup d'artistes et d'entrepreneurs, c'est la toute dernière pièce du puzzle que je suis parvenu à mettre en place. J'ai eu très tôt d'excellents produits à proposer – dans mon cas, des livres – et, au bout de plusieurs années et après quelques erreurs très onéreuses, j'ai enfin trouvé la bonne équipe commerciale et marketing pour promouvoir mon travail sur le marché et le vendre efficacement.

Cependant, nous avons continué à perdre de l'argent, mois après mois, pendant nos cinq premières années d'existence. Pourquoi ? Parce que je n'avais jamais entendu parler des « contrôles comptables ». Nous nous débrouillions avec les moyens du bord, comme on dit, et nos dépenses continuaient à excéder nos recettes.

Enfin, la bonne personne s'est présentée et m'a démontré les vertus des contrôles comptables. Cela signifie simplement ceci (mais c'était un concept tout nouveau pour moi à l'époque) : surveillez attentivement vos dépenses ; rejoignez aussitôt que possible une zone où vos dépenses sont moins importantes que vos recettes.

Ce n'est pas de la science de pointe ; cette notion n'a rien de complexe. Et cependant, combien d'entreprises, grandes ou petites, ont échoué parce qu'elles ne maîtrisaient pas leurs finances ?

Après cinq années de pertes, nous avons engagé une nouvelle comptable. Elle s'est révélée être bien plus que cela : elle est devenue une cadre essentielle, car sa contribution a été déterminante dans le succès de notre entreprise. Elle n'avait jamais travaillé pour un éditeur auparavant, aussi s'est-elle renseignée sur le fonctionnement de notre secteur en lisant diverses revues professionnelles. Un jour, elle est entrée, dans notre bureau, munie d'une simple feuille de papier.

« J'ai trouvé quel est votre problème, Marc », a-t-elle annoncé.

Sa feuille était divisée en deux colonnes. Dans celle de gauche, tout en haut, figurait notre recette de l'année, puis, en dessous, la liste de toutes nos dépenses, réparties en quatre catégories principales : éditorial, production, marketing, et G&A (frais généraux et administratifs, qu'on raccourcit généralement en « frais généraux »). Elle ne s'était pas contentée de répertorier chaque dépense réelle sous les différents en-têtes ; elle avait également calculé le pourcentage de nos recettes que nous consacrions à chaque catégorie : pour l'éditorial, 45 % ; pour la production, 38 % ; pour le marketing, 2 % ; pour les frais généraux, 25 %.

Dans les quatre catégories principales, les dépenses se répartissaient en sous-catégories précises : salaires, prestations des éditeurs et artistes indépendants, loyer, fournitures de bureau, frais postaux, et ainsi de suite. Chacune de ces dépenses était restituée sous forme numéraire et sous forme de pourcentage du revenu annuel total.

Dans la colonne de droite, elle avait reporté les montants et pourcentages moyens constatés dans la profession pour une entreprise de notre taille. Elle avait donc de quoi faire une comparaison précise : pour l'éditorial, la moyenne se situait autour de 25 % ; pour la production, de 30 % ; pour le marketing, de 10 %, pour les frais généraux, de 25 %.

L'évidence s'imposait, noir sur blanc.

« Voilà quel est le problème, Marc : vous dépensez beaucoup trop dans l'éditorial, et trop également dans la production. En revanche, le budget marketing est insuffisant ; les frais généraux, eux, sont juste au bon niveau. »

Même quelqu'un d'aussi peu averti que je l'étais à l'époque aurait pu faire le calcul – mais elle s'était chargée de le faire tout en bas de la feuille pour faciliter encore les choses : nos dépenses combinées s'élevaient à 110 % de nos recettes. Autrement dit, pour 1 dollar de ventes, nous en dépensions 1,10. Les dépenses combinées moyennes constatées dans la profession s'élevaient à 90 % des ventes, ce qui signifiait un gain de 10 cents pour chaque dollar de vente.

Pour être rentables, il nous suffisait donc d'aligner nos coûts sur les moyennes de la profession. Ce n'était pas si difficile, à présent que nous voyions où il fallait faire des ajustements : nous ne pouvions tout simplement plus dépenser autant d'argent pour éditer et imprimer nos ouvrages.

Nous avons opéré les changements nécessaires, et, en quelques mois, nous avons inversé la tendance. Depuis lors, nous avons toujours exercé un strict contrôle de nos finances.

J'ai fini par comprendre une chose : *Sous condition d'une bonne maîtrise de vos finances, vous pouvez réussir même avec un niveau de recettes modeste.* Tout dépend de vos dépenses. Plus vous les maintenez à un faible niveau, plus vite vous serez rentable et plus substantiels seront vos bénéfices.

> *Mettez en place un contrôle efficace de vos finances : surveillez chaque dépense et faites en sorte que le montant dépensé n'excède jamais celui de vos recettes.*

Voilà tout ce qu'il vous faut : un produit ou un service que vous aimez, le moyen de le commercialiser efficacement et la maîtrise de vos finances. Aucun de ces trois éléments n'est particulièrement difficile à obtenir. Mais chacun d'eux exige un type de concentration et d'énergie bien spécifique à des moments bien précis.

Pour ma part, j'ai très peu d'appétit pour le marketing, la vente ou les calculs financiers. Dès que mon entreprise a commencé à grandir, je me suis entouré des bonnes personnes, qui ont su voir l'intérêt pour eux de m'aider à remplir ces fonctions. Si vous êtes artiste ou indépendant, vous devrez peut-être « mettre votre casquette de directeur marketing » de temps en temps pour vous occuper de votre promotion. Et, parfois – tous les six mois environ, cela peut suffire –, vous devrez aussi vous asseoir devant votre livre de comptes, endosser le rôle de directeur financier, additionner toutes vos recettes de l'année, établir vos prévisions de recettes et de dépenses pour l'année à venir, et vous assurer que vos frais restent au bon niveau.

Ou peut-être pouvez-vous travailler avec un bon comptable, qui fera pour vous les calculs financiers et vous aidera dans votre analyse. Voilà certaines des tâches essentielles que vous pouvez accomplir.

OSEZ RÊVER

Mais la tâche la plus importante, évidemment, est la suivante : *osez rêver*. Rêvez le plus grand possible, rêvez de la vie idéale que vous voulez mener dans cinq ans, dans dix ans. Mettez ce rêve par écrit. Les mots couchés sur le papier ont un grand pouvoir.

Imaginez un plan pour accomplir ce rêve, et écrivez-le également, sur une ou deux pages. Franchissez la première étape évidente, puis la suivante, puis celle d'après.

Soyez persévérant. Ne perdez jamais de vue votre rêve, vos objectifs et le plan que vous avez imaginé pour les réaliser.

Osez rêver – et foncez !
Vous n'aurez jamais à le regretter.

EN RÉSUMÉ

Vingt-cinq principes et pratiques de l'entreprise visionnaire

1. Toute entreprise a besoin d'un business plan solide et bien construit qui définit une trajectoire claire pour l'année à venir, d'abord en mots, puis en chiffres. Un business plan bien rédigé constitue votre itinéraire, votre visualisation de l'avenir.
2. Ce business plan doit commencer par un résumé sur une page, puis comporter une déclaration de mission brève et concise, mais idéaliste, grandiose.
3. Avant de rédiger votre business plan, passez par le processus du « tableau idéal » : projetez-vous dans cinq ans et faites comme si vos affaires marchaient à merveille, aussi bien que vous pouvez l'imaginer : où aimeriez-vous en être dans votre vie ? Quel serait votre tableau idéal ? Si vous pouviez mener exactement la vie de vos rêves, comment serait-elle ? Écrivez vos réponses, puis comparez-les avec celles de vos collaborateurs.

4. Partez du principe que tout prendra deux fois plus de temps et coûtera deux fois plus cher que vous ne vous y attendez. Faites en sorte de disposer d'un capital suffisant – par vous-même ou de la part de vos investisseurs – pour surmonter tous les aléas possibles et imaginables. À tous les frais auxquels vous avez pu penser, ajoutez 15 % pour les autres dépenses imprévues.

5. Votre plan doit être assez solide pour vous permettre de faire face à n'importe quelle difficulté, aussi bien extérieure qu'intérieure : les obstacles extérieurs tels que le manque de fonds, les fluctuations du marché et de l'économie ou la concurrence ; les obstacles intérieurs tels que la peur, le doute, le manque de confiance en soi, d'expérience ou de connaissances. Un business plan est puissant, car il met en mouvement votre subconscient, qui est lui-même puissant. Il ancre dans la réalité le fantasme de votre « tableau idéal ». Une fois que vous l'avez rédigé, une part essentielle de votre travail est déjà accomplie : votre vision de l'avenir est désormais clairement dessinée. Sans vision, l'avenir n'existe pas.

6. Toute entreprise prospère s'appuie sur une vision. Il a fallu que quelqu'un, à l'origine, imagine clairement sa croissance et son développement, bien avant qu'ils deviennent une réalité concrète. Restez concentré sur la vision de votre réussite, et vous finirez par aligner les forces précises dont vous avez besoin pour la créer.

7. Au-delà de la simple recherche du profit, votre entreprise doit avoir une raison d'être. En poursuivant un but ultime, vous rassemblez derrière vous toutes sortes de forces qui vous aident à atteindre votre objectif. L'argent est essentiel dans les affaires, mais il reste secondaire. Chacun de nous a une raison d'être, et chacun de nous est doté de talents et de capacités uniques pour pouvoir l'accomplir. Nous devrions tous consacrer le temps nécessaire pour découvrir quelle est la nôtre, et pour vivre en accord avec elle. C'est à cette condition, et à elle seule, que nous pouvons nous épanouir dans l'existence.

8. Chaque difficulté porte en elle le germe d'un avantage égal ou supérieur. C'est l'une des clés de l'entreprise visionnaire. La vie est remplie d'écueils, mais aussi d'occasions à saisir. Derrière chaque problème se cachent des opportunités, toujours. Même dans les coups durs que nous réserve l'existence, on peut trouver des cadeaux précieux.

9. Un bon manager peut reprendre n'importe quelle affaire, redresser la situation et la rendre prospère. Un mauvais manager, quant à lui, mènera n'importe quelle affaire à sa ruine. Ne vous attardez pas sur des visions d'échec. Ne cessez jamais de visualiser votre réussite. Ménagez-vous des moments de solitude, chaque jour si possible. Prenez le temps de passer en revue vos objectifs, de vous remettre en tête vos rêves. *Plan your work and work your plan.*

10. Votre réussite prendra sans doute des chemins inattendus. Votre plan et votre itinéraire doivent être clairs, mais suffisamment flexibles pour vous permettre de vous adapter continuellement aux nouveaux problèmes, obstacles, opportunités et succès qui se présentent à vous. Dans cinq ans, votre entreprise sera peut-être très différente de ce que vous imaginez aujourd'hui.

11. Faites passer les intérêts de votre entreprise avant les vôtres ou ceux de tout propriétaire, employé ou autre individu. Prenez soin d'elle, d'abord et avant tout, et elle prendra soin de vous, ainsi que de tous ses propriétaires et employés, et de bien d'autres personnes encore.

12. Rédigez un manuel de l'employé. Prévoyez pour vos employés des avantages généreux : vacances, congés bien-être, couverture maladie et dentaire, plan d'épargne retraite et intéressement. Une prime substantielle indexée sur les bénéfices incite tout le monde à réfléchir en chef d'entreprise. Redistribuez une part importante de vos bénéfices à vos employés, et l'entreprise deviendra si productive qu'à long terme les propriétaires gagneront plus d'argent que s'ils avaient tout gardé pour eux. C'est une forme d'intéressement où tout le monde est gagnant. Assurez-vous d'en faire bénéficier tous vos employés, quel que soit leur statut.

13. Vous êtes seul responsable de votre propre réussite, tout comme de votre propre échec. Si votre visualisation du succès est plus puissante que vos

doutes et vos craintes, vous réussirez. Lorsque votre désir devient une intention, près de 90 % de ce que vous percevez comme des obstacles disparaissent – et vous disposez des ressources intérieures pour surmonter efficacement les difficultés restantes.

14. Il y a deux types de management : le management par gestion de crise et le management par objectifs. Quiconque est pris au piège du management par gestion de crise se laisse tellement absorber par les tracas du quotidien qu'il ou elle n'a jamais le temps de prendre du recul pour regarder le tableau d'ensemble. Prenez le temps de renforcer vos rêves par des projets concrets et réalisables. Alors, la magie opère : toutes sortes de forces entrent en jeu pour vous aider à réaliser vos rêves.

15. Avec la propriété vient la responsabilité. Un patron est responsable du bien-être de ses employés, de la vie locale et de l'environnement. Si vous n'êtes pas capable de mener une affaire sans exploiter des gens ou polluer la planète, c'est que vous n'êtes pas à votre place.

16. Redistribuez une part généreuse de vos bénéfices à vos collaborateurs et à des organisations qui œuvrent pour un monde meilleur. Si toutes les entreprises rentables dans le monde donnaient ne serait-ce que 5 % de leurs bénéfices à des organisations à but non lucratif qui aident les populations et protègent l'environnement, nous pourrions mettre un terme à la faim dans le monde, loger les sans-abri et dépolluer la planète.

17. L'argent n'est pas l'étalon suprême de la valeur d'une personne – d'autres critères sont bien plus importants : le genre de vie qu'on mène ; la façon dont on traite les autres et l'environnement ; les services que l'on rend ; l'amour et la compassion que l'on porte à autrui ; le but ultime que l'on poursuit, et dans quelle mesure on l'atteint ; sa contribution au bien-être des autres et de la planète. Voilà ce qui importe vraiment dans la vie. Voilà à quoi on peut mesurer la valeur d'un individu.

18. Suivre les trois règles du PDG de Pepsico relève du bon sens entrepreneurial : (1) prenez goût au changement – soit on apprend à apprécier le changement, soit on résiste à l'inévitable ; (2) apprenez à danser – nos relations professionnelles devraient être une danse, et non une lutte ; (3) oubliez J. Edgar Hoover – engagez des gens compétents, définissez clairement quelles sont leurs responsabilités, puis laissez-les travailler comme ils l'entendent.

19. Engagez des personnes passionnées par leur travail. Apprenez à distinguer les techniciens des managers et des entrepreneurs, et embauchez les bonnes personnes aux bons postes, afin qu'elles fassent ce qu'elles aiment. Traitez-les en adultes, et elles agiront en adultes ; donnez-leur des responsabilités, et elles seront responsables.

20. Chaque entreprise reflète la conscience de son patron. Il est primordial de réfléchir aux personnes et aux évènements qui ont façonné notre existence, et de découvrir les croyances fondamentales que nous nous sommes forgées en conséquence. Une fois nos

croyances négatives identifiées, nous pouvons nous en débarrasser, car elles ne sont pas vraies – elles sont seulement autoréalisatrices ; elles ne deviennent vraies que si nous y croyons. Il vaut mille fois mieux nourrir les croyances positives qui soutiennent le génie créatif en chacun de nous. Rien n'est hors de votre portée ; il n'y a pas de limites à ce que vous pouvez accomplir – pour peu que vous en soyez convaincu.

21. Plus on donne, plus on reçoit – et pas uniquement du point de vue financier. On reçoit d'autres choses bien plus importantes encore : satisfaction, épanouissement, joie et amour.

22. La parole du Christ n'a rien perdu de son éclat et mérite qu'on la retienne : demandez et vous recevrez, cherchez et vous trouverez, frappez et l'on vous ouvrira... Ne jugez point, afin de ne pas être jugés... Aimez-vous les uns les autres... Aimez vos ennemis... Tendez l'autre joue... Le règne de Dieu est au milieu de vous.

23. Il est inestimable d'appréhender la notion d'une puissance supérieure pour avoir une perspective plus vaste, plus fine de l'existence, pour réussir à transformer les difficultés en opportunités, pour parvenir à mener une vie bien vécue. Les Alcooliques anonymes ont su résumer tout cela avec clarté et simplicité pour des millions de personnes, et pourraient en aider des millions d'autres encore : « Nous avons décidé de confier notre volonté et notre vie aux soins de Dieu tel que nous Le concevions [...] Nous avons cherché par la prière et la méditation à améliorer notre contact conscient avec Dieu tel que nous Le concevions,

Lui demandant seulement de connaître Sa volonté à notre égard et de nous donner la force de l'exécuter. » Une méthode efficace pour s'inventer la vie dont on rêve consiste à réfléchir à Dieu tel qu'on Le conçoit, et de s'en remettre à Lui pour être guidé et inspiré. Remettez-vous-en aux mains de Dieu, et laissez-Le régler les détails. Ne cessez jamais de vous demander quelle est Sa volonté, et vous saurez exactement ce qu'il convient de faire dans votre vie tant professionnelle que personnelle.

24. Ne cessez jamais d'apprendre, de toutes les personnes qui peuvent vous enseigner des choses, de toutes les sources possibles. Et ne cessez jamais non plus de réinventer votre entreprise. C'est un processus sans fin. Célébrez votre propre réussite et celle des autres. Ni la concurrence dans ce qu'elle a de négatif, ni l'animosité n'ont de raison d'exister dans votre monde. Suivez votre félicité : faites ce que vous aimez, travaillez avec passion, vivez avec passion, et vous créerez une entreprise visionnaire, d'une façon qui n'appartient qu'à vous.

25. Avec assez d'argent, de compréhension et de créativité, on peut résoudre tous les problèmes majeurs auxquels le monde fait face aujourd'hui. Or, de l'argent, il y en a en abondance, pour peu qu'on sache où le chercher. Tout ce qu'il nous manque, au fond, c'est de la compréhension et de la créativité : tout ce qu'il nous manque, c'est une vision. La vision d'une seule personne peut changer le monde – le passé l'a déjà prouvé. Mais nous sommes bien davantage – des millions – à inspirer aujourd'hui

une nouvelle renaissance à travers le monde. La raison d'être d'une entreprise visionnaire n'est pas de produire des richesses ; c'est de transformer le monde, en vivant de ce que nous aimons et en faisant advenir, par nos actes, une nouvelle ère de paix et de prospérité pour toutes et tous.

REMERCIEMENTS

J'aimerais remercier Julie Bennett, magicienne de l'édition (qui a copublié, entre autres ouvrages, *50 Simple Things You Can Do to Save the Earth*), pour avoir lu la première ébauche de ce livre et m'avoir conseillé de me recentrer et de le récrire en entier. Merci, Julie, pour ta franchise et ta perspicacité.

Je tiens à remercier Kent Nerburn d'avoir lu ma deuxième version, et de m'avoir encouragé et nourri de ses remarques si pertinentes. Nous avons à notre actif plus de quarante formidables années d'amitié et de soutien mutuel. J'ai une admiration sans bornes pour ses talents d'écrivain. *Letters to My Son, Small Graces* et *Neither Wolf nor Dog* font partie des textes les plus beaux et les plus profonds qu'il m'ait été donné de publier. Si c'est l'intelligence et l'âme des écrits qui déterminent le volume des ventes, ses ouvrages s'arracheront à des millions d'exemplaires au fil du temps.

Merci à Gina Misiroglu pour son excellent travail d'édition sur la version définitive. Gina, tu es l'une des meilleures éditrices avec qui j'aie jamais eu la chance de travailler – sensible, intuitive, intelligente.

Merci à Paula Dragosh et à Kristen Cashman pour la finesse de leurs remarques sur l'édition révisée.

Merci à toute l'équipe de Publishers Group West – notre force de marketing et de distribution – pour votre enthousiasme autour de ce livre. C'est vous tous – et en particulier Charlie Winton, Randy Fleming, Gary Toderoff, Susan Reich et Mark Ouimet –, qui avez cru en lui au point de m'inciter à entamer une tournée de promotion nationale (y compris dans le Minnesota en plein mois de janvier par un jour de blizzard – merci beaucoup). Sachez que votre engagement me va droit au cœur, et plus encore votre maîtrise de la tâche ingrate qui consiste à distribuer des livres dans le monde entier. Publishers Group West est une authentique entreprise visionnaire. Je me demande si Charlie Winton savait, quand il a commencé à vendre des livres depuis le coffre de sa voiture, qu'il finirait par diriger une entreprise dont les ventes annuelles dépasseraient les cent millions de dollars. Quelque part en cours de route, il a appris à visualiser très efficacement sa réussite.

Merci à Auri, mon adorable épouse brésilienne, pour son amour et son soutien, ses cafés crème, ses smoothies aux fruits et sa passion pour la danse brésilienne. Désormais à la tête de la Brazil Hope Foundation, elle fait sa part pour rendre le monde un peu meilleur.

Merci à Janet Mills pour ses brillantes idées éditoriales, et à Becky Benenate pour son aide et son soutien qui vont bien au-delà du simple devoir.

Et merci à Bernie Nemerov d'avoir cru en un gamin naïf, d'avoir été un mentor et un conteur hors pair, et d'avoir investi 80 000 dollars dans une petite maison d'édition dirigée par un jeune idéaliste sans le sou qui n'avait jamais entendu parler de bilan ou de « contrôle comptable ». J'ai écrit cet ouvrage en votre mémoire, Bernie – j'ai comme l'impression que toute cette histoire vous fait bien rire, quel que soit le plan d'existence où vous vous trouvez à l'heure actuelle.

Et enfin, merci à ce pouvoir bien plus grand que moi qui est réellement à la régie du spectacle. C'est un grand soulagement de savoir que je ne suis pas seul à la barre, et qu'il me suffit de continuer à remettre mes problèmes – ou plutôt, les défis et les opportunités qui se présentent à moi – entre les mains d'une puissance supérieure et d'écouter Ses conseils. Je n'ai jamais été abandonné, et je sais que je ne le serai jamais.

Merci à tous...

À PROPOS DE L'AUTEUR

Marc Allen a cofondé (avec Shakti Gawain) la New World Library, dont il est le président. Il est l'auteur de plusieurs ouvrages, parmi lesquels figurent *Un cours sur l'abondance* et *Le Plus Grand des Secrets*. Également musicien et compositeur, il a enregistré plusieurs albums, dont *Solo Flight, Petals, Breathe,* et son plus récent opus, *Awakening*. Il vit avec sa femme et son fils dans le comté de Marin, en Californie, où il donne des conférences en public et des visioconférences, ainsi qu'une téléconférence tous les mois.

Pour plus d'informations, rendez-vous sur son site : www.MarcAllen.com

SUGGESTIONS DE LECTURE

The Architecture of All Abundance: Seven Foundations to Prosperity, de Lenedra J. Carroll. La mère de la chanteuse Jewel, qui est aussi son agent, signe avec ce livre l'un des guides de développement personnel les plus puissants qu'il m'ait été donné de lire. Son ouvrage devrait être un classique enseigné dans tous les lycées et toutes les universités.

The Art of True Healing: The Unlimited Power of Prayer and Visualization, d'Israel Regardie. Ce petit livre constitue la meilleure leçon de magie occidentale que j'aie jamais eue entre les mains. Vous y trouverez une méthode simple à pratiquer allongé sur le dos pour guérir votre corps et attirer à vous tout ce que vous désirez dans la vie.

As You Think, de James Allen. Écrit en 1904 – publié sous le titre original *As a Man Thinketh* –, ce livre est le plus ancien ouvrage de développement personnel. Bref, concis et brillant, il vous explique que « vous deviendrez aussi grand que votre plus grande aspiration. Si vous chérissez une vision, un idéal noble au fond de votre cœur, vous le concrétiserez. »

Les Clés spirituelles de la richesse, de Deepak Chopra. Ce magicien des temps modernes mêle la philosophie orientale à la science occidentale pour nous montrer que « dans chaque désir se trouvent la graine et la mécanique de son accomplissement ».

Techniques de visualisation créatrice, de Shakti Gawain. Un classique, à juste titre : cet ouvrage nous montre comment créer tranquillement et sans stress ce que nous désirons dans la vie. Il devrait être étudié dans les écoles du monde entier, dès la cinquième ou la quatrième.

Les Cinq Vœux : répondez à une simple question et vos rêves deviendront réalité, de Gay Hendricks. Un petit livre simple et éloquent qui vous montrera comment obtenir la vie de vos rêves.

Le Plus Grand des Secrets : de l'abondance à la pleine réalisation de soi, de Marc Allen. La première partie de ce petit ouvrage puissant vous livre, en bref, le « secret » de la réussite financière ; la deuxième partie va au-delà pour vous révéler des secrets bien plus importants : ceux d'une vie bien vécue, facile, empreinte de bonheur et de paix intérieure.

Letters to My Son, de Kent Nerburn. Si vous êtes parent, vous y trouverez tous les merveilleux conseils que vous aimeriez donner à votre enfant. Un livre sincère et profond. L'œuvre d'une grande âme.

Le Message d'un maître: conte sur la richesse, la sagesse et le secret de la réussite, de John McDonald. Un ouvrage incontournable à l'usage des futurs entrepreneurs – et de quiconque nourrit un rêve. Écrit en 1934, et encore visionnaire aujourd'hui.

Un cours sur l'abondance: un programme visionnaire pour créer la vie de vos rêves, de Marc Allen. Ce livre contient tous les savoirs qui m'ont permis de passer de la pauvreté à la prospérité et à l'épanouissement. Il devrait faire partie des programmes – afin que chaque étudiant, à l'issue de sa scolarité, soit doté d'un projet écrit solide, de l'intention de se créer la vie la plus épanouissante possible et des outils pour pouvoir le faire.

Money Magic: Unleashing Your True Potential for Prosperity and Fulfilment, de Deborah L. Price. Si vous rencontrez des difficultés pour attirer la richesse ou gérer vos finances, ce livre vous sera d'une aide précieuse. Il vous montrera comment devenir un « magicien de la finance ».

Le Pouvoir du moment présent: guide d'éveil spirituel, d'Eckhart Tolle. C'est tout simplement l'ouvrage le plus clair et le plus intelligent que j'aie jamais lu. Il a illuminé ma vie de façon incommensurable, et aidé des millions d'autres personnes à mener une vie incroyablement plus équilibrée et joyeuse. Si vous êtes chrétien, vous découvrirez que les explications d'Eckhart donnent aux enseignements du Christ une profondeur et une puissance nouvelles. Si vous avez étudié le bouddhisme, vous trouverez en ce livre une traduction profonde des enseignements de Bouddha, dans un langage accessible à tous et simple à mettre en application.

The Power of Partnership: Seven Relationships That Will Change Your Life, de Riane Eisler. Réussir signifie créer de bons partenariats dans tous les domaines de l'existence. Dans cet ouvrage, Riane Eisler nous montre exactement comment procéder pour y parvenir dans toutes nos relations : avec nous-même, avec notre famille et nos amis, avec nos collègues et les personnes qui nous entourent au quotidien, avec notre nation, notre monde, la nature et le monde spirituel. Un éclairage brillant, et une lecture indispensable en ce XXIe siècle.

Les Sept Lois spirituelles du succès, de Deepak Chopra. Si la réussite joyeuse et sans efforts n'est pas au rendez-vous dans votre vie, c'est simplement parce que vous avez oublié une ou plusieurs lois du succès. Un excellent résumé de ce qu'il faut savoir.

L'Art du calme intérieur, d'Eckhart Tolle. Il suffit de lire la première page de ce livre (ou du *Pouvoir du moment présent*) pour comprendre pourquoi Eckhart Tolle est sans conteste le plus grand maître actuel des vérités transcendantales de notre existence.

The Ten Percent Solution : Seven Steps to Improve Our Lives and Our World, de Marc Allen. Ce livre bref, efficace, nous fournit un plan pour nous aider non seulement à assurer notre sécurité financière, mais aussi pour rendre le monde meilleur. Dans un langage très simple, il nous montre comment faire partie de la solution plutôt que du problème dans le monde d'aujourd'hui.

The Type-Z Guide to Success : A Lazy Person's Manifesto for Wealth and Fulfillment, de Marc Allen. Que vous soyez un bourreau de travail de type A ou une personnalité paresseuse de type Z, ce petit livre vous montrera comment bâtir une carrière réussie sans compromettre vos valeurs ni négliger ce qui compte vraiment dans la vie, à savoir votre famille, votre créativité et votre spiritualité.

A Visionary Life : Conversations on Personal and Planetary Evolution, de Marc Allen. Cet ouvrage prolonge le récit de *Vivre de ce que l'on aime* et vous montre comment clarifier vos désirs dans l'existence et les concrétiser. Un livre à la fois inspirant et pragmatique.

Work with Passion : How to Do What You Love for a Living, de Nancy Anderson. Une éminente conseillère en évolution professionnelle nous montre la marche à suivre pour vivre de ce que l'on aime. Cet ouvrage s'adresse à toutes les personnes qui éprouvent des difficultés à définir ce qui les passionne et leur raison d'être dans l'existence.

INDEX

C

D

E

S

T

U

V

W

Y

SOMMAIRE

CHEZ LE MÊME ÉDITEUR

COLLECTION CHAMANISMES
LES CLASSIQUES D'AUJOURD'HUI ET DE DEMAIN

Au-delà du tambour
Lettres à mes esprits alliés
Brigitte Pietrzak
Préface d'Agnès Stevenin

La chamane Brigitte Pietrzak interroge ses esprits sur le chamanisme et le sens de la vie : des questions spirituelles et existentielles, intimes et universelles.

Voyages chamaniques & Rencontres remarquables
Brigitte Pietrzak
Préface de Lilou Macé

L'autrice raconte les moments forts de son apprentissage auprès de ses alliés du monde invisible et nous révèle les précieux enseignements reçus.

Ciel blanc, Ciel noir
Une initiation au chamanisme mongol
Brigitte Pietrzak
Préface d'Audrey Fella

Une chamane française remonte aux sources du chamanisme mongol. Quand magie rime avec lucidité, et pouvoir avec clarté.

Chamanes célestes
Rencontres avec les grands guérisseurs de Mongolie
Kevin Turner
Préface de Laurent Huguelit

Initiations, actes magiques, secrets révélés – les chamanes de Mongolie se livrent à Kevin Turner. Une aventure dont la portée spirituelle changera votre vision du monde. (Prix du meilleur livre chamanique.)

Femmes chamanes

Rencontres initiatiques
Audrey Fella

Une immersion éclairante au cœur du chamanisme féminin et occidental d'aujourd'hui.
Avec Maud Séjournant, Claire Barré, Lorenza Garcia, Myriam Beaugendre, Brigitte Pietrzak et Sandra Ingerman. (Prix ALEF des Libraires Mieux-être et Spiritualité.)

Fusion

Bouddhisme & chamanisme, un cœur à cœur spirituel
Laurent Huguelit
Illustrations d'Angéline Bichon

Lâcher-prise, acceptation et bienveillance - telles sont les intentions du voyage dans lequel nous emmène cet ouvrage qui allie théorie, pratique, et poésie. Bienvenue au cœur de la nature profonde...

Mère

L'Enseignement spirituel de la forêt amazonienne
Laurent Huguelit
Préface de Matthieu Ricard,
illustrations d'Angéline Bichon

« J'ai des choses à dire à mes enfants... » Invité par la forêt amazonienne à lui prêter sa plume, Laurent Huguelit nous fait découvrir l'enseignement de ce grand esprit que les peuplades indigènes appellent « Madre » - la Mère.

Les Huit Circuits de conscience

Chamanisme cybernétique & pouvoir créateur
Laurent Huguelit
Préface d'Ervin Laszlo

Défrichant le futur, Laurent Huguelit nous fait découvrir une cartographie de la psyché qui offre un outil précieux pour un monde en pleine transformation. Un livre audacieux et d'une grande clarté, qui marie chamanisme traditionnel, psychologie et channeling.

Le Chamane & le Psy

Un dialogue entre deux mondes

Laurent Huguelit, Dr Olivier Chambon

Préface de Michael Harner

Réalité des esprits, plantes rituelles, substances psychédéliques, vie après la mort, rapports entre chamanismes et psychothérapies sont au cœur de cette conversation éclairante. Un dialogue d'avant-garde.

Caverne et Cosmos

Rencontres chamaniques avec une autre réalité

Michael Harner - Préface de Laurent Huguelit

Trente ans après son grand classique *La Voie du chamane*, Michael Harner nous livre *Caverne et Cosmos*, un livre déjà culte. Incontournable pour tous ceux qui s'intéressent au chamanisme, mais aussi à la spiritualité, aux expériences de mort imminente, à la conscience ou encore au channeling.

La Voie du chamane

Un manuel de pouvoir & de guérison

Michael Harner

Préface de Laurent Huguelit

Un manuel irremplaçable qui permet de comprendre et de pratiquer la transe chamanique sans plantes, avec pour seule aide un tambour. Une référence mondiale, entièrement mise à jour par Laurent Huguelit, auteur des *Huit Circuits de conscience*.

Deux Plantes enseignantes

Le Tabac & l'Ayahuasca

Jeremy Narby, Rafael Chanchari Pizuri

Deux éclairages visionnaires et complémentaires sur les « plantes maîtresses ».

COLLECTION MUTATIONS
VIVRE LE NOUVEAU PARADIGME

Un pont entre nos mondes
L'autisme transcendé
Audrey Roncière & Baptiste Scarnera

Défiant la matière, Baptiste, jeune homme atteint d'une forme grave d'autisme, prouve que la conscience est capable de transcender un corps physique qui dysfonctionne.

Vivre de ce que l'on aime
Manifeste pour une entreprise visionnaire
Marc Allen

12 clés pour réussir son projet et rendre le monde meilleur. Faire ce qui nous passionne tout en soutenant ses employés, la vie locale et l'environnement, tel est le pari de Marc Allen pour son entreprise visionnaire.

Les Voies de l'eau
Anne Paris, Leina Sato, Marie-Hélène Sulmoni
Préface de Patrice Van Eersel

Trois femmes, trois récits, trois liens sacrés à l'eau. Une invitation à découvrir ces chemins et à trouver le vôtre.

Ces animaux qui n'en sont pas
Peggy Reboul
Préface d'Agnès Stevenin

Ce deuxième livre de Peggy Reboul permet d'aller encore plus loin dans la compréhension du vivant. Il interroge notre relation à l'univers et nous invite à une transformation profonde de nos croyances.

La Voie du tambour

Manuel de voyage chamanique

Laurent Huguelit

Préface d'Angéline Bichon

Un guide complet pour apprendre la technique du voyage chamanique, partir à l'aventure dans les mondes spirituels et rencontrer ses esprits alliés.

La Voie du souffle

Manuel de méditation

Laurent Huguelit

Préface d'Aurélie Godefroy

Un guide complet pour apprendre à méditer, approfondir sa technique, et réaliser les états de conscience les plus raffinés selon les enseignements du bouddhisme historique.

Manifeste paradisiaque

Jardinage, permaculture & spiritualité

Laurent Huguelit

Illustrations d'Angéline Bichon

En trente-six propositions, Laurent Huguelit nous invite à considérer le jardin comme un espace préservé dans lequel intégrité, respect et écoute sont cultivés au même titre que de bons légumes, des fruits juteux, et un univers de biodiversité.

Consciences animales

Communiquer avec le vivant

Peggy Reboul

Préface de Roland de Miller

Un témoignage bouleversant, qui transforme notre rapport aux animaux et à l'ensemble du vivant.

Debout

La force de s'incarner

Marie-Pierre Dillenseger

Préface de Fabrice Midal

« S'incarner, c'est arriver, au fil d'une vie, à lisser les aspérités qui se nichent entre l'âme et le corps. » Marie-Pierre Dillensenger nous donne des outils puissants et inédits pour relever ce défi.

Oser s'accomplir

12 clés pour être soi

Marie-Pierre Dillenseger

Une approche intemporelle et singulière pour atteindre son plein potentiel.

Bâton de parole

Un chemin vers la paix

Guide pratique

Stephan V. Beyer

Ce manuel permet d'améliorer et de renforcer le lien avec les autres, grâce à la technique ancestrale du bâton de parole.

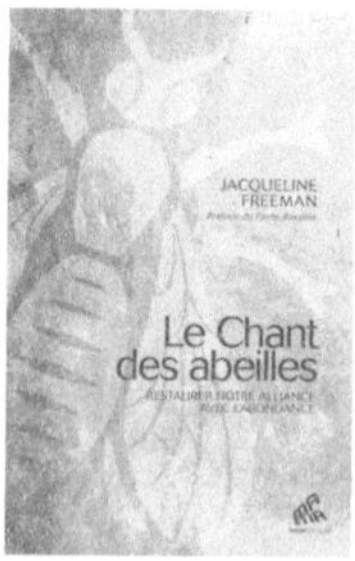

Le Chant des abeilles

Restaurer notre alliance avec l'abondance

Jacqueline Freeman

Préface de Pierre Aucante

Le premier livre qui nous place au cœur de la spiritualité des abeilles. Une nouvelle vision du monde naturel. *BeeScope* inclus (annuaire d'adresses utiles).

COLLECTION TÉMOIGNAGES
DES PARCOURS AUX FRONTIÈRES DE L'EXTRAORDINAIRE

Jusqu'à la mort et au-delà

Du trauma de la perte à la paix retrouvée

Angélique Bannwarth

Un témoignage d'une grande force qui prouve que rien ne s'arrête, que tout est juste et que les âmes répondent à notre appel.

Confessions d'une sorcière

Le soin énergétique en pratique

Magali Le Monnier de Gouville et Daniel Beltrami

Comment découvrir et apprivoiser des pouvoirs extraordinaires.

Flic guérisseur

Robert Martin

« Tu devrais écrire ton histoire ! » lui a-t-on maintes fois répété. Il faut dire que la vie du commandant de police Robert Martin sort de l'ordinaire : enquêtes médiatisées et soins mystérieux alternent dans un monde où tout semble possible.

Rendre l'âme

Flore Lestrade

Préface de Peggy Reboul

Un récit intime qui offre une vision lumineuse de la mort pour nous aider à aborder plus sereinement et en conscience ce moment d'initiation.

Briser l'armure

Du GHB à la pleine Présence

Aurélie Croiziers de Lacvivier

Préface de Lucile Bellan

Aurélie Croiziers de Lacvivier réside à Shanghai lorsqu'elle subit une agression doublée d'amnésie puis un viol qui bouleversent sa vie. Cette expérience douloureuse est le point de départ d'un chemin de découverte et de résilience qui l'emmène vers la lumière.

Sur la voie de la Déesse

Une initiation au véritable tantrisme du Bengale

Aurore Gauer

Préface du Dr Jacques Vigne

Une immersion profonde et émouvante dans l'expérience tantrique de l'Inde du Nord.

Vingt ans auprès des Navajos

Hózhó, mon chemin sur la voie de la beauté

Lorenza Garcia

Préface de Sylvie Crossman,

Postface de Jean-Pierre Barou

« Marcher dans la beauté », c'est être conscient que tout est relié, au-delà des sens.

Le yoga m'a sauvée

La quête existentielle d'une pilote de ligne

Isabelle Bacquenois

Entre terre et ciel, le récit palpitant d'une aventurière repoussant ses limites pour atteindre la paix.

De l'urgence à la conscience

Quand la médecine rejoint la spiritualité

Dr Sophie Mainguy-Besnier

Préface du Dr Thierry Janssen

Pour le Dr Sophie Mainguy-Besnier, vivre sa propre maladie est une voie d'éveil qui va révolutionner sa vision de la médecine et du monde.

La petite fille qui fit mourir la mort

Emma Mira

Un témoignage formidablement inspiré, qui montre que l'on peut dépasser la douleur causée par la perte d'un enfant et accéder à la joie.

La guérison est un chemin vers soi

Caroline Fualdès

Résolument cartésienne, Caroline Fualdès a d'abord cherché à soigner ses nombreux maux grâce à la médecine allopathique. Mais, n'en supportant pas les effets secondaires, elle a dû trouver des alternatives.
Un parcours de guérison novateur, aux portes de l'invisible.

Mon cancer, quelle chance !

Adeline Pasteur

Lorsque Adeline Pasteur découvre qu'elle a un cancer, son monde s'écroule. Pourtant, avec le recul, une fois sortie de cette « aventure », elle affirme que le cancer est la meilleure chose qui lui soit arrivée.

Une vie en quête de sens

Ervin Laszlo
Préface de Laurence de La Baume,
Postface de Stanislav Grof

Dans cet ouvrage, Ervin Laszlo revient sur l'histoire de sa vie et les changements fondamentaux qui l'ont jalonnée, entre musique, recherche universitaire et activisme mondial.

Autobiographie d'une chamane française

Brigitte Pietrzak
Préface d'Aurélie Godefroy

Brigitte Pietrzak révèle ici son parcours intime et personnel, des premières étapes de son cheminement spirituel jusqu'à la découverte de ses dons de chamane en Mongolie.

De l'hôpital Sainte-Anne aux rives du Gange

Journal d'une guérison de l'âme
Marie de la Tour
Préface du Dr Jacques Vigne

Quel rapport y a-t-il entre l'hôpital Sainte-Anne à Paris et les rives du Gange ? Entre ces lieux emblématiques, s'articule le chemin initiatique de Marie de la Tour.

Un long voyage

Une autobiographie spirituelle
Guido Ferrari
Préface d'Ervin Laszlo

Un parcours de vie riche d'explorations et de rencontres avec certains des plus grands maîtres spirituels.

LES INITIATIQUES
DES HISTOIRES POUR S'OUVRIR AUX MONDES INVISIBLES

Shaman, L'Aventure mongole
Tome 1 - La Quête
Tigran - Préface de Claire Barré

La Quête est le récit d'un jeune Français parti s'initier au chamanisme en Mongolie.
Une aventure spirituelle et amoureuse parsemée d'épreuves, à cheval entre deux mondes... pour que la flamme soit ravivée et le feu partagé.

Shaman, L'Aventure mongole
Tome 2 - La Vision
Tigran - Préface de Laurent Huguelit

La Vision est la poursuite d'une transmission qui se déploie au cœur d'un récit mystique et passionné ponctué d'obstacles, à la lisière de l'invisible... pour que la connaissance soit sauvegardée et sa portée révélée.

Shaman, L'Aventure mongole
Tome 3 - L'Appel
Tigran - Préface de Priscilla Telmon

L'Appel est l'accomplissement d'une quête ésotérique et charnelle au centre d'une passation de savoirs entre plusieurs dimensions... pour que la magie soit déployée et ses pouvoirs maîtrisés.

Shaman, L'Aventure amérindienne Tome 4 - Le Chemin

Tigran - Préface de Lorenza Garcia

Le Chemin est le récit d'un Français, passionnément amoureux, qui voyage de la Mongolie à l'Arizona. Ce conte initiatique donne vie aux enseignements d'illustres femmes et hommes-médecines. Une transmission de savoirs sur trois générations, ponctuée de révélations... pour que la vision soit reçue et la voie partagée.

Shaman, L'Aventure amérindienne Tome 5 - Les Cieux

Tigran - Préface d'Audrey Fella

Les Cieux relate l'aventure amoureuse et spirituelle d'un Français qui voyage entre les mondes visibles et invisibles. Ce conte initiatique diffuse les lumières d'illustres femmes et hommes-médecines. Une quête semée d'embûches et une passation de pouvoirs dans la magie d'une nuit noire... pour que l'étincelle soit transmise et le feu ravivé.

Shaman, L'Aventure amérindienne Tome 6 - Le Tigre & le Jaguar

Tigran

Le Tigre & le Jaguar dévoile la quête d'un Français entre les dimensions réelles et surnaturelles. Ce conte, porté par une histoire d'amour inspirante, révèle les pratiques d'illustres guérisseurs d'Asie et d'Amérique. Un éveil mystique sur trois générations de femmes-médecines, parsemé d'épreuves initiatiques... pour que la voix soit entendue et son message incarné.

Sara et le secret de la loi de l'attraction, Tome 1 - L'Éveil

Esther & Jerry Hicks

Suivez les aventures de Sara, petite fille curieuse et audacieuse, et de son ami Solomon, un hibou doué de la parole : elles vous mèneront sur le chemin du bonheur.

Sara et le secret de la loi de l'attraction, Tome 2 - La Pratique

Esther & Jerry Hicks

Solomon, le hibou qui parle, est toujours au rendez-vous ; et Sara et son nouvel ami Seth, deux enfants intrépides qui grimpent aux arbres et explorent des grottes, vont vivre des expériences parfois déroutantes mais toujours éclairantes.

Sara et le secret de la loi de l'attraction, Tome 3 - La Maîtrise

Esther & Jerry Hicks

Dans ce troisième et dernier tome, Sara va se doter de perceptions nouvelles, découvrir l'invulnérabilité, surpasser ses peurs et, par-dessus tout, apprivoiser le bonheur et le partager avec ses semblables.

COLLECTION CARTES & LIVRET
DE LA CONNAISSANCE À LA RÉALISATION

Le Chamanisme
par Laurent Huguelit

Une introduction destinée aux débutants. Pour découvrir la spiritualité chamanique, ses liens avec le monde moderne, les esprits et la nature.

Ouvrage de référence :
Le Chamane & le Psy

INCLUS DANS LE COFFRET
- Un jeu de 101 cartes
- Un livret de 120 pages
- Un plateau recto verso

L'Oracle de la chamane
par Brigitte Pietrzak

Découvrez la divination chamanique autrement, l'accès aux esprits, les animaux de pouvoir et la force de l'invisible.
Un outil pratique pour stimuler la vision intérieure, développer les sens subtils, et interpréter les messages délivrés par les guides.

INCLUS DANS LE COFFRET
- Un jeu de 52 cartes
- Un livret de 72 pages
- Un plateau recto verso

L'Alignement

par Marie-Pierre Dillenseger

Découvrez la pensée chinoise autrement, ses liens avec la société contemporaine, notre être profond et notre chemin personnel. Un outil complet pour s'accomplir, passer à l'action et mettre en pratique une sagesse millénaire.

Ouvrage de référence :
Oser s'accomplir

INCLUS DANS LE COFFRET
- Un jeu de 150 cartes
- Un livret de 176 pages
- Un plateau recto verso

L'Incarnation

par Marie-Pierre Dillenseger

Ce coffret est une boussole qui oriente dans la bonne direction, à savoir celle qui mène vers soi-même. Un outil complet pour gagner en force et en assurance face aux épreuves qui jalonnent les différentes étapes de l'existence.

Ouvrage de référence :
Debout

INCLUS DANS LE COFFRET
- Un jeu de 125 cartes
- Un livret de 125 pages
- Un plateau recto verso

Les Mémos de l'accouchement

par Eve Aschour

Ces 156 fiches pratiques et illustrées vous offriront une préparation à la naissance claire et concise. Réparties en sept thèmes différents et consultables individuellement, elles vous accompagneront et vous guideront de la grossesse jusqu'au postnatal.

Ouvrage de référence :
Les Mémos illustrés de l'accouchement

INCLUS DANS LE COFFRET
- Un jeu de 156 fiches
- Un livret de 36 pages
- Un plateau recto verso

L'Oracle de l'instant présent

par Lena Favre

Les messages et rituels de cet oracle puissant vous permettront de décristalliser vos blocages et de devenir auteur et autrice de votre vie. Laissez-vous guider vers cette plus jolie version de vous-même.

INCLUS DANS LE COFFRET
- Un jeu de 52 cartes
- Un livret de 120 pages
- Un plateau recto verso

LA PETITE BIBLIOTHÈQUE

TOUT L'ESPRIT MAMA ÉDITIONS
DANS DES INÉDITS COURTS ET INTENSES

Feu la jalousie

Michka

Êtes-vous prêts pour une nouvelle éthique amoureuse ?

Avec ce témoignage lumineux, Michka partage un chemin singulier, à l'écart des sentiers battus. Auquel s'adjoint un précieux *Petit Manifeste du bien-être*.
Un livre libérateur...

La mort ne nous séparera pas

Franck Laguilliez Arrondeau

Et si l'amour était plus fort que la mort ?
Lorsqu'un papillon « messager de l'au-delà » se pose sur l'épaule de Franck, quelques jours après le décès de son mari, il comprend que son âme sœur est toujours là, à ses côtés. Très vite arrive le besoin d'écrire, pour raconter leur amour et les nombreuses synchronicités qui l'ont aidé à ne pas sombrer.

Des gens qui s'aiment

Carole Berrebi - Postface de Harry Tordjman

Jusqu'où iriez-vous par amitié ?

Carole Berrebi parvient, avec ce récit émouvant, à mettre en mots un amour qui réunit et magnifie l'amitié, la maternité, la famille. Sa plume poétique nous invite à toujours garder espoir et avoir confiance en la vie.

Visions d'un monde à l'autre

Brigitte Pietrzak

Et si on osait imaginer un monde idéal ?

Brigitte Pietrzak nous entraîne dans un univers où règnent la joie et la paix. Dans cet endroit idyllique, les villes sont de vastes jardins, les humains respectent la nature, vivent en harmonie avec eux-mêmes et les autres.

Lire les signes et trouver son chemin

Marie-Pierre Dillenseger

Comment interpréter les signes reçus sur notre chemin de vie ?

C'est à l'aide de la pensée traditionnelle chinoise et de sa propre expérience que l'autrice nous donne de précieuses clés pour interpréter ces messages et ces signes.

S'ancrer pour se déployer

Marie-Pierre Dillenseger

Et si l'avancée se nourrissait de l'immobilité ?

Paresse ? Manque de courage ? Ou formidable force d'opposition, salutaire face à l'agitation perpétuelle qui vampirise les forces de vie ? Une résistance qui ne dit pas son nom et s'organise sans mot d'ordre pour se reconnecter à l'essentiel ? Posons l'ancre. Laissons passer les trains qui nous éloignent de nous-mêmes.

Du repli à l'avancée

Marie-Pierre Dillenseger

Et si le repli était un signe de force plus que de faiblesse ?

Pourquoi est-il si difficile de respecter les voyants rouges de nos limites énergétiques ? Si courant de nous mettre en danger pour tenir un engagement, un planning et une image idéalisée de nous-même ?

Chair Lumière - Entretien avec Frédérique Lemarchand

Audrey Fella

Et si l'art était le lieu privilégié d'une rencontre avec notre être profond ?

Ce livre, sous forme d'entretien, est né de l'amitié entre l'essayiste Audrey Fella et l'artiste peintre Frédérique Lemarchand.

À table avec bébé

Fanny Alliot - Préface de Michka

Et si l'on offrait à bébé la possibilité de choisir son repas ?

La diversification alimentaire peut ressembler à un véritable casse-tête. Entre calendriers restrictifs, âges et portions recommandées, les règles s'opposent et déroutent les parents. Pourtant, il suffit de s'en remettre aux bébés pour mener cette aventure en toute sérénité.

Je t'aile

L'amour infini d'une mère

Sophie de Foy

L'ode à la vie d'une mère qui accompagne son enfant vers l'au-delà.

Quand sa fille Alice se retrouve sur un lit d'hôpital, Sophie de Foy a l'étrange sensation que son intuition se développe, qu'une force la pousse à se connecter à ses ressources profondes.

52 Paroles chamaniques

Tigran - Illustrations de Yu Zhao

Retrouvez l'essence spirituelle de la saga initiatique *Shaman, L'Aventure mongole.*

Des perles de sagesse, issues d'une aventure chamanique et amoureuse entre les mondes, livrent un enseignement intemporel. Ces talismans, à égrener au fil des semaines, raviveront la flamme en vous pour partager le feu sacré.

Tiny house, la vie en grand !

Lise Gallois

Revenir à l'essentiel pour vivre intensément.

L'autrice raconte le bonheur de pratiquer la « sobriété joyeuse », car, elle le découvre, retourner à l'essentiel sur le plan matériel entraîne une libération psychologique, un allègement global.

Diète de forêt

Peggy Reboul - Préface de Laurent Huguelit

Comment la forêt peut-elle nous reconnecter à la partie la plus divine de notre être ?

Ce témoignage, aussi simple qu'extraordinaire, nous invite à nous reconnecter à la nature et à son pouvoir guérisseur. Un hommage à la forêt autant qu'un message d'espoir.

Enfin vaginale

Olivia Cornevin

De la frigidité à l'extase.

Le sujet est tabou, mais Olivia Cornevin partage ici sans fard sa reconquête de son propre vagin ; sa quête de plaisir vaginal a duré vingt-sept ans. Elle montre que cet accomplissement est à la portée de toutes et qu'il n'est jamais trop tard pour y accéder.

Première édition originale, premier tirage

Photographie de couverture © fran_kie (Adobe Stock)
Portrait de l'auteur : DR
Conception graphique : Philippe Fourquet

Achevé d'imprimer en avril 2024
sur les presses de Rotativas de Estella en Espagne
pour le compte de Mama Éditions.

ISBN 978-2-84594-567-8
Dépôt légal avril 2024
8347981/01

PAPIER CERTIFIÉ

Mama Éditions s'engage pour l'environnement
en réduisant l'empreinte carbone de ses livres.
Celle de cet exemplaire est de :
0,6 kg éq. CO_2